LAS 7 CLAVES DE LA ABUNDANCIA Y EL ÉXITO

TU CAMINO HACIA LA FELICIDAD

BRAIS MARINHO

BRAIS MARINHO

Título: **LAS 7 CLAVES DE LA ABUNDANCIA Y EL ÉXITO**

ISBN: 9798215276594

Dedicado única y exclusivamente a ti, por ser un eterno aprendiz y querer

alcanzar la grandeza

iii

M i nombre es Brais. He venido al mundo con un propósito, y es el de dejar el mundo mejor a cómo me lo encontré. Eso pasa por elevar la conciencia de las personas para que puedan ser más felices.

Ha sido un trayecto, largo o corto, no lo sé. Lo que si se a ciencia cierta es que ha sido perfecto a como debía ser. Brais de niño no se permitió ser un niño completo. Pasaron los años, y ese niño interior estaba dolido.

Eso ha hecho que durante toda mi vida haya ido viviendo la vida de otras personas. No me arrepiento de absolutamente nada, ni la más mínima situación. Ha sido perfecto como debería haber sido. Todas las personas que han pasado por mi vida han sido enriquecedoras para mi completa comprensión como persona.

Me queda mucha vida por vivir, y todo lo que venga va a ser también de puro aprendizaje. Me considero un eterno aprendiz. El crecimiento tanto personal como espiritual son mis pilares de vida. Con ello, puedo aportar algo mejor a la humanidad.

Brais ha sido entrenador durante más de seis años. En esta etapa lo ha dado todo, pero había llegado un momento en el cual dejó de disfrutar de esa profesión. Gracias a ella, conocí a personas increíbles, de las cuales tengo gran recuerdo, y, otras tantas, con las que sigo teniendo contacto.

Ha sido un proceso de continua evolución. Este descubrimiento, es el que me ha hecho recapacitar y descubrir mi verdadero para que de existencia. Ser autor y conferenciante, y, con ello, llegar con mi mensaje a miles y miles de personas.

He pasado por un proceso de sufrimiento continuo, por haber enfocado la felicidad en el exterior, en vez de lo realmente importante, el interior. Debido a ello, he decidido involucrarme con mi desarrollo personal y espiritual, para poder enfocar la vida con alegría, tener mayores recursos para afrontar y aprender de los momentos dolorosos y estar en equilibrio, física, mental y espiritualmente.

Con toda esta historia, de manera resumida, me he descrito como persona. No quiero alargarme más para que empieces con tu camino de despertar, de que alcances el significado de la vida y que puedas encontrar tu felicidad. Enhorabuena.

ÍNDICE

Introducción

Los conceptos que he depositado en todo este libro son cualidades y capacidades que debe desarrollar el ser humano para llegar a ser una persona completa. Son cualidades que nos vienen por naturaleza, pero que hemos obviado por muchos años

He hablado en otros de mis libros detalladamente acerca de ellos, pero en este he ido a los conceptos clave, esos conceptos que, si los aplicas, tu vida cobrará sentido, vivirás una vida próspera y de abundancia.

Me he involucrado en mi desarrollo personal y espiritual para poder dar lo mejor de mi en todos los ámbitos de mi vida, y, con ello, poder escribir libros que puedan llegar al corazón del lector, en este caso, a tu corazón.

Los escribo con el corazón abierto de par en par, mostrándome vulnerable, para, con ello, conectar más contigo. Cuando lo hago de esta manera, es como si estuviésemos frente a frente, nos sentimos.

En el capítulo del pensamiento hablaré más acerca de ello, pero soy partidario de que somos energía, por lo tanto, vibramos y resonamos con determinadas personas, las cuales, acabamos atrayendo a nuestras vidas.

Esto se cumple a través de los pensamientos. Todo en aquello que estemos pensando, se acaba materializando en el plano físico tarde o temprano. Debes tenerlo muy en cuenta a la hora de tomar decisiones en tu vida.

Cuando un pensamiento lo cargas con la suficiente emoción, se proyecta en tu realidad física. Nada sucede por azar. En este caso, no sucede por azar el que tú estés leyendo este libro en este preciso instante.

Hay algo de mi en ti, y viceversa, hay algo de ti que resuena conmigo. Somos como almas gemelas, y el universo nos ha puesto en contacto, en concreto, a través de este libro. Por ello, estoy sumamente agradecido.

Es de vital importancia tener esto muy en cuenta. Atraemos a nuestras vidas todo aquello que somos, no hay ninguna otra explicación. Cuando nos damos cuenta de esto, nuestra vida cambio por completo.

Irradiamos un determinado tipo de energía, y, en este caso, funcionamos como imanes. En casos en concreto, con polos iguales, lo que significa, que la persona que tienes en frente está proyectando algo que hay en ti, en la sombra, algo que no te permites expresar.

En este caso en concreto, todo ello lo abordo más en otros de mis libros, en este me he dedicado a coger el mejor jugo de la fruta, es decir, de todo lo que he aprendido hasta ahora, condensarlo y darte lo necesario para que progreses en tu camino hacia la abundancia y el bienestar.

Solamente si aplicas estos recursos que te doy, explicados de una manera en la que me haga entender, y, espero que eso llegue a conseguir, podrás alcanzar la maestría hacia el éxito en tu vida.

A veces nos ponemos metas lejanas. Esas metas deben ser irreales, para que exista un miedo interno a dar el primer paso. Si una meta es realista, no te motivará lo suficiente como para poder alcanzarla, tarde o temprano la desecharás.

En cambio, cuando nos ponemos metas audaces, nuestro fuego interno, nuestra intuición, nos marcará el camino para la consecución de esos propósitos. Como he mencionado, y es muy importante, el primer paso marcará la gran diferencia.

El gran hándicap es querer hacer todo al mismo tiempo, y mucho. Se dice que un viaje de mil millas comienza con el primer paso, pues esto se cumple con todos los recursos que te voy a detallar en este libro.

Un cambio diario, un progreso diario, es lo que marca la diferencia entre una persona exitosa y una que no lo es. Cuando tienes esto en cuenta y lo valoras, sabrás de primera mano que los pequeños cambios son los que te llevan por el camino correcto.

Todo está en continuo movimiento. O creas o desintegras. Si no estás progresando, aunque sea un 1% cada día, es como agua estancada, que acaba pudriéndose. Contigo sucede exactamente lo mismo.

Un cuerpo no puede estar en estado de reposo. Tendrás momentos determinados, y planificados, en los cuales te permites descansar totalmente, para recargar las pilas para poder afrontar todos tus retos.

En cambio, tomamos esta idea como general, lo que hace la gran mayoría de la población, en la cual, después del trabajo se desconecta por completo, es decir, no se dedica tiempo para él mismo o ella misma.

Esto es un grave error, lo que hace que la población esté dormida, y esté esperando el fin de semana para desconectar y descansar. Estos tiempos es cuando debemos aprovechar el tiempo para conectar con nuestro ser, con nuestro interior.

Esto es de suma importancia tenerlo en cuenta. Si lo que haces diariamente es tu verdadero sueño, eso te llevará a saltar de la cama como un resorte cada vez que te despiertes, sabiendo que estás cumpliendo con tu propósito.

Esto, a su vez, hace que vivas la vida con alegría, porque sabes de primera mano que nada ni nadie te podrá desviar de tu camino. Con los recursos que te menciono en todos los capítulos, podrás alcanzar dicho estado de abundancia y plenitud.

Todo ser humano tiene una grandeza en su interior que ni él mismo lo sabe, porque no se para un momento para interiorizar que es lo que puede servir y lo que no para sus intereses personales.

Solemos poner el foco en lo externo para alcanzar el éxito y la felicidad, cuando, en realidad, la verdadera felicidad está en nuestro interior. Ahí radica la clave de nuestra vida, de nuestro propósito.

Debemos ser, para luego hacer y por último tener. Esto es de vital importancia. Cuando tenemos esto en cuenta, se da la magia de la vida. Es cuando alcanzas tu estado de dicha y bienestar absoluto.

Nos han engañado con el mensaje de que debemos tener, para poder ser y encasillarnos en un determinado tipo de persona. Esto es un grave error, lo que hace que continuamente estemos ansiosos por conseguir eso que anhelamos.

Todo llega a su debido tiempo. Debes hacerte el responsable de tu vida, y, si hay algo que no has alcanzado todavía, es porque no estás en el estado de vibración como para poder atraerlo.

Por ello, lo importante primeramente es ser, y luego es cuando sucede la magia, y, sin esfuerzo, todo acaba apareciendo en tu vida. Lo atraes tal cual imán. Te conviertes en una persona extraordinaria, capaz de hacer cosas extraordinarias.

En cambio, cuando luchamos seguido por intentar tener algo en concreto, lo único que estamos haciendo con ello es alejarlo de nosotros. No podemos tener algo sin antes habernos preparado para ello.

Esto sucede como cuando a una persona le toca la lotería. Esto se denomina suerte, y, esa suerte, pronto se evapora y vuelve a su estado inicial, o, incluso, peor. Por ello, a este tipo de personas, luego de un tiempo, se encuentran peor de antes de haberle tocado la lotería.

Con los recursos que te menciono en este libro, te preparó para una vida de abundancia, sea cual sea tu verdadero significado de abundancia. Todos tenemos derecho a ella, nacemos con ello en nuestros genes, que son perfectos.

En cambio, durante el transcurso de nuestras vidas, acabamos por eliminar toda abundancia por perseguir algo que no nos corresponde. Primero debemos ser para luego, en última instancia, tener.

Nos han programado al revés, y, esto, nos ha eliminado todo tipo de satisfacción duradera. En cambio, la verdadera abundancia se consigue gracias a convertirte en una persona digna de ser abundante.

La satisfacción efímera se consigue al comprar cosas materiales, por ejemplo, cosas que, cuando nos paramos a analizar el para que de su función en nuestras vidas, nos damos cuenta que no era necesario comprarlo.

Actuamos por mecanismo de repetición, y siguiendo a las masas. Esto, es un gravísimo error. Pasamos toda la vida sin escuchar nuestra intuición, sin hacerle caso, mientras que, si las escuchásemos y nos dejásemos guiar, todo en nuestra vida florecería.

Esto es algo de lo que me he dado cuenta recientemente. Cuando realmente decides escuchar la intuición, esa vocecita interna que todos tenemos, todo tipo de circunstancias y situaciones suceden en nuestra vida.

Me gusta denominarlas sincronicidades. La intuición que cada uno tenemos nos lleva por el camino correcto. A veces, te llevará a errores aparentes a primera vista, pero esos errores te llevan a conseguir algo mucho más grandioso.

Al aplicar estos conceptos, los depositados en los siguientes capítulos, y que yo he puesto en mis rutinas diarias, mi vida se ha convertido en todo lo que quiero ser, escuchando siempre a mi voz interior.

En cambio, cuando me dejo guiar por lo externo, salgo de mi verdadero equilibrio, y me alejo del éxito, que es la felicidad. No nos podemos dejar guiar, debemos pararnos a pensar que es lo que nos viene bien y lo que no.

Esto es de vital importancia. En donde hay mucha gente pensando, cabe esperar que nadie esté pensando. Esto significa que, cuando alguien empieza a pensar de manera diferente, primero es un seguido, para luego convertirse en un verdadero líder.

Si quieres tener prosperidad y abundancia en tu vida, debes establecer esta premisa como condición sine qua non. Primero debes dejarte guiar, siempre con capacidad de dar tu opinión, para luego, poder sacar lo mejor de ti gracias a todos los aprendizajes que has ido interiorizando.

En este caso en concreto, con lo que vas a leer en los siguientes capítulos, se a ciencia cierta que tu vida va a mejorar y progresar, y, si los sigues como tal, en un año no te reconocerás de todo lo que has progresado.

En cambio, puedes y debes adaptarlo todo a tu situación de vida. No existe una ley absoluta. Los fundamentos están establecidos desde hace siglos, y si alguien te vende algo diferente como última moda, desconfía.

Las bases para la prosperidad y la abundancia existen desde hace miles de años. El problema es que, lo sencillo, no vende tan bien como lo novedoso, de ahí que nos estemos en un mar de dudas por saber que es lo mejor.

Lo mejor siempre va a ser lo más sencillo y lo que mejor se adapte a ti, no busques otra cosa. No te hace falta buscar fuera para encontrar tu verdadera grandeza, ya que, tu verdadera grandeza está dentro de ti.

Cuando llegues a este punto de entendimiento de la vida, se abrirá ante ti un mundo lleno de posibilidades. Esto debes tenerlo en cuenta. Cuando decides mirar hacia tu interior, te conviertes directamente en una persona extraordinaria.

Con todo ello, he expuesto en los capítulos los recursos más sencillos para que puedas llevar a cabo en tu camino hacia una vida de existencia, es decir, una vida digna de ser vivida. Si los aplicas diariamente hasta que te falte el aliento, te puedo asegurar que tu vida será digna de ser un ejemplo a seguir.

Ahora mismo, como he mencionado anteriormente, lo que debes hacer es aplicar un 1% diario. No es necesario que lo apliques todo desde ya si no lo estás haciendo todavía. Lo que debes hacer es aplicar 1 o 2 recursos a la vez, no más.

Luego de 30 días, cuando ya tengas afianzados esos dos, vuelves a incorporar otros 2, con la suficiente confianza en ti mismo, sabiendo que los 2 primeros los cumpliste satisfactoriamente.

Los he puesto de tal manera, que, los puedas incorporar por orden. Todos son importantes, pero desde mi punto de vista, están en este orden porque son los que mayor impacto van a generar en tu vida, para que puedas motivarte y continuar.

Disfrútalo como es debido. Si tienes que volver a leer un capítulo, no lo dudes, hazlo. Si tu intuición te está diciendo que debes hacerlo, hazle caso, sabe más que cualquiera otro de nosotros.

Normalmente, esa intuición es el primer pensamiento que te viene a la mente. El siguiente ya es decisión tuya, en la cual, es un pensamiento premeditado, algo que racionaliza esa decisión, lo cual te lleva a la equivocación.

Sigue a tu intuición, es tu guía interno y el que tiene las soluciones y respuestas a todo lo que acontece en tu vida, sabiendo el mejor camino para tu verdadero bienestar y felicidad.

PENSAMIENTOS

Aquí alberga la verdadera felicidad de tu vida, el que vivas una vida de abundancia, o, por el contrario, una vida de desdicha y sufrimiento. Todo pasa por tus pensamientos, y esto debes tenerlo muy en cuenta.

Se dice que tenemos en torno a unos 60.000 pensamientos diarios. De los cuales, el 90% de ellos se repiten, y, el 80% de ellos son negativos. En este caso en concreto, ponte en situación de cómo pueden ser tus días debido a ello.

No puedes controlar los pensamientos. Simplemente debes monitorearlos. Con esto quiero decir que, cuando un pensamiento repetitivo o negativo aparezca en tu día, lo veas, y, lo dejes ir.

De ahí la importancia de la meditación, de la cual te he hablado en el capítulo anterior. En este caso, no te aferras a ese pensamiento, simplemente sabes que existe, que está ahí, pero, así como aparece, no te apegas a él.

Lo que si debes tener en cuenta que tú puedes controlar tus pensamientos positivos. Todo lo que quieras creer, lo puedes hacer, tanto para bien como para mal. Puedes establecer una rutina de pensamientos positivos, todas las mañanas, por ejemplo.

Esto lo menciono en algunos de mis libros. El poder de hablarte bien, delante del espejo. Es un tipo de pensamiento, ya que, nada sale por tu boca sin que antes haya pasado por tu mente. Entonces, aquí viene algo muy importante.

En función de cómo una persona habla, se sabe de primera mano cuales son la calidad de sus pensamientos. Se dice que no morimos por lo que entra en nuestra boca, si no que, lo que sale de ella.

Esto es de suma importancia. Una vez que estableces una rutina de pensamiento positivo, eso acaba beneficiando a tu organismo. Es como una rutina de entrenamiento con pesas. Las palabras son energía para tu cerebro.

En este caso en concreto, como he mencionado, el pensamiento es repetitivo y negativo, lo que no puedes controlar ni manejar a tu antojo. Lo único que puedes hacer es dejarlos ir, no apegarte a ellos.

Además, podrás trabajar en la parte restante, lo que hará que tengas una mente muy poderosa. Se tiene la noción de que puedes parar tus pensamientos, de que gracias a la meditación puedes callar a esa voz interna tan tediosa.

Esto es un grave error. Así como la iluminación es el periodo que pasa desde que finaliza un pensamiento hasta que comienza el siguiente, no ocurre por norma general. Es después de haberse involucrado en la meditación.

Además, estos periodos sin pensamiento son cortos. La principal función del cerebro y la mente es pensar. Es como si ahora mismo, le dices a tu hígado que deje de funcionar. No va a suceder por mucho que quieras.

El cerebro es un órgano más. Necesita hacer sus funciones vitales. No puedes pararlo. A veces querrías hacerlo así, pero no funciona. El incorporar la meditación a tu rutina te dará mayor bagaje, pero no te eliminará los pensamientos. Es una herramienta más de control.

La calidad de tus pensamientos determinará la calidad de tu vida. Esto debes tenerlo muy en cuenta. Existe un libro en el que el título ya lo dice todo. *"Como un hombre piensa así es su vida"*, de James Allen

En función de tu capacidad para no apegarte a los pensamientos negativos y repetitivos, y la capacidad de controlar lo que, si está en tus manos, tendrás una vida más o menos placentera.

Todo lo que quieras crear y creer está y pasa por tu mente. Se dice que una vez que cambias la forma en la que ves el mundo, todo el mundo que miras cambia. Esto es por tu tipo de pensamientos.

Estos pensamientos están condicionados por tus creencias y tus antepasados. A veces albergamos heridas de nuestros ancestros, algo que ellos no fueron capaces de resolver y que aparecen en nosotros para que las podamos sanar.

En función de cómo te hables, puedes saber tu lenguaje nuclear. Ahí se puede analizar, mediante una constelación, saber de que antepasado viene y como puedes sanarla para transformar esa información.

Así que, no te preocupes si existe un patrón repetitivo de miedo en algún momento de tu día. Puede ser que ese pensamiento no sea tuyo. A veces es miedo a perder a un ser querido, a quedarte sin dinero o cualquier otro tipo de pensamiento negativo.

Todo tiene su parte buena, aunque sean negativos esos pensamientos. Puedes indagar en ellos, y, gracias a este motivo, liberar a tu clan familiar gracias a haber hecho una involucración para poder sanar.

Tu has venido a este mundo, como alma, a través de tus padres y eligiendo este cuerpo físico que tienes ahora mismo. En cambio, muchas veces te saboteas no sabiendo el porque te suceden algunas cosas.

Ten sabido de primera mano que tu vienes con una lista de tareas a este mundo físico, a través del cuerpo que has elegido, para poder sanar todo ese karma que llevas acumulado de vidas anteriores.

Entonces, una vez que tengas claro esto que te acabo de contar, podemos pasar al nivel de creencias. Esto que te acabo de contar puedes creerlo o no, en cambio, sí que te invito a que indagues por tu cuenta. Eso es tener pensamiento constructivo.

Sea lo que sea que alguien te cuente algo, más allá de que puedas estar o no de acuerdo, ten un pensamiento crítico e indaga por tu cuenta. Tu tienes tu propia verdad, y no tiene que ser la de nadie más.

En este caso, todo lo que quieras creer creará el mundo real que tu quieras crear. Tus condicionantes internos son las creencias. Estas han sido absorbidas, en gran medida, en tu infancia, a través de tus padres.

Sigues unos patrones de vida que vienen desde bien pequeño. Esto ha sido sumamente limitante, ya que, estás repitiendo patrones y no estás viviendo tu vida. Esto genera un tipo de pensamientos limitantes también.

Es un proceso intenso el de desmotar ese tipo de creencias y paradigmas. Ten por seguro que cualquier tipo de creencia es limitante. Por esto te he dicho antes que te cuestiones todo y sepas que te puede servir y lo que no.

Lo que debes establecer como norma de vida es tener una mente abierta, como si acabases de venir al mundo. Esto no limitará tus progresos, y, además, podrás ver un mundo lleno de posibilidades.

Cuando tienes una mente abierta, sabrás que todo tiene cabida en este mundo. Sabrás nada es bueno ni es malo. Cada persona actúa bajo unos condicionamientos internos, los cuáles debería sanar para convertirse en una persona más completa.

En cambio, al tener una mente abierta, no juzgas ni criticarás, sabes que esa persona está luchando con una batalla interna que solamente es capaz de actuar de esa manera bajo el nivel de conciencia en el que se encuentra.

El que puedas tener una mente abierta, también ayudará a que tu calidad de pensamientos mejore. Así como se asome un posible pensamiento de juicio, sabrás que ese pensamiento no es tuyo. Ha aparecido ahí por naturalidad, y, a veces, condicionado por el inconsciente colectivo.

Cuando emites un pensamiento de juicio, al primero que estás juzgando es a ti mismo. Esto quiero que lo tengas en cuenta. Todo lo que proyectas hacia afuera es un fiel reflejo de tu mundo interno.

Cuantos más pensamientos de juicio tengas hacia otras personas, ten pro seguro que tienes una autoestima baja, y estás proyectando en los demás algo que piensas de ti. Eso como beber una copa de vino y esperar que se muera el otro.

Al único que vas a acabar envenenando es a ti mismo. Cuando estableces como hábito de vida tener una mente abierta, libre de juicios, toda tu vida da un giro de 180º. Además, atraes aquello en lo que piensas.

Si estás emitiendo pensamientos de juicio, atraerás a tu vida más circunstancias y personas que siguen la misma línea a la de tus pensamientos. Es importante que tengas esto en cuenta. Nada aparece en tu vida por casualidad.

Todo en tu vida lo has atraído porque en algún momento has emitido ese tipo de pensamiento. Como el pensamiento es energía, por lo tanto, vibra a una determinada frecuencia, eso es lo que acabará pasando en tu vida.

Si estás pensando continuamente que te vas a separar de tu actual pareja, tarde o temprano eso se acabará reflejando en tu mundo físico. O, si quieres cambiar de trabajo, debes ser consecuente con lo que piensas.

En este caso en concreto, puede ser que estés pensando en cambiar de trabajo, porque en donde estás ahora mismo no estás nada cómodo. En cambio, como no pienses a que tipo de trabajo quieres cambiar, puede suceder lo siguiente.

Como tu mensaje es muy amplio, puede ser que desde que estés pensando en ello hasta que finalice la relación laboral en tu trabajo actual a los dos meses de haberlo pensado.

En cambio, al ser tan amplio, después de haberte quedado sin ese trabajo, como no has pensado el tipo de trabajo que querías que viniese a continuación, puede ser que te quedes una larga temporada sin trabajo, o que, aparezca uno de peores condiciones.

Tu mensaje era claro de que querías cambiar de trabajo, que no estabas cómodo con la situación actual. En cambio, al no decir exactamente lo que querías después, el universo te corresponde con exactamente aquello que le pidas.

Por eso es de suma importancia que cuides tus pensamientos. Ellos establecen la calidad de tu vida. No puedes cambiar uno negativo por uno positivo, pero si monitorear cada vez que aparece uno negativo.

Así como aparece, dices para ti, esto no me sirve. Así, progresivamente, ese tipo de pensamiento acabará por perder fuerza, y si antes era repetitivo, acabará desapareciendo por completo.

En su lugar aparecerán otros, pero no ese mismo. Es una tarea de vida el poder controlar los pensamientos. Es sumamente enriquecedora y algo que mejorará tu vida exponencialmente. Tu vida será más abundante y feliz.

Además, al controlar tu tipo de pensamientos, hablarás acorde a lo que estés pensando, y actuarás de tal manera. Ahí, es cuando alcanzamos la felicidad plena. Pensamientos, palabras y acciones están en concordancia.

Te lo voy a poner más claro citando las sabias palabras de Lao-Tzu:

"Cuida tus pensamientos, se convierten en tus palabras; cuida tus palabras, se convierten en tus acciones; mira tus acciones, se convierten en tus hábitos; cuida tus hábitos, se convierten en tu carácter; vigila tu carácter, se convierte en tu destino".

Como puedes ver, los pensamientos son la base de tu vida. Cuando cuidas tu tipo de pensamientos, estás influyendo directamente en tu destino. Todo lo que pasa por tu mente controlará tu vida.

La mente es una buena sirvienta, pero una mala ama. Debes convertirla en tu sirvienta para que la calidad de tu vida se torne de manera positiva. Esto es de suma importancia. Cuida tus pensamientos, y tu vida estará cuidada y bien tratada.

MEDITACIÓN

La meditación lo he incluido en el primer apartado porque es una cualidad, capacidad, entrenamiento o como quieras denominarlo, indispensable para el ser humano a la hora de alcanzar la felicidad plena, vivir una vida con significado.

Existen diferentes tipos de meditación, y he probado varias de ellas, y, según el día, puedo aplicar unas u otras, en función del objetivo que desee alcanzar en ese momento. Como dice un buen mentor mío, Vishen Lakhiani, en la vida actual, es difícil cuadrar todo con estar en posición de loto 2 horas si moverse.

Esta meditación la he probado, y, como he mencionado, dependiendo del día, la vuelvo a aplicar. Es la meditación Vipassana, en la cual nos ponemos en posición de loto, y lo único que se hace es concentrarse en la respiración. Atención y concentración única y exclusivamente a la respiración.

Estás percibiendo como entra y sale el aire, o como se llenan y vacían tus pulmones. En este caso, es un entrenamiento exhaustivo, ya que, la posición no es agradable cuando llevas un determinado tiempo en ella, y, además, debes estar concentrado en un punto en concreto.

Los pensamientos, en este caso en concreto, no paran de venir a la mente. Uno de ellos puede ser el de que se está perdiendo el tiempo en esa posición. Es algo natural, no nos han enseñado a estar en una posición sin hacer, supuestamente, algo productivo.

En este caso, el aplicar la meditación a tus días hará del día mucho más productivo. Esto es debido a que tu capacidad de concentración aumenta, tu intuición aumenta y, con ello, tu creatividad.

Al tener mayor concentración en la tarea que puedas realizar durante el día, lo que se consigue con ello es optimizar el tiempo que se le pueda estar destinando a cierta tarea. Esto es gratamente satisfactorio.

Las grandes empresas están incorporando talleres de mindfulness para sus trabajadores, porque saben del beneficio que se obtiene gracias a aplicar un periodo de calma mental. Soy partidario de que el éxito deja pistas, y si lo hacen las personas exitosas, yo quiero aplicarlo, y, que tú también lo apliques, y te conviertas en una persona extraordinaria.

Además, al aumentar tu intuición serás capaz de tomar mejores decisiones. No siempre estarás en lo cierto, pero sí que tu porcentaje de acierto aumenta considerablemente. Además, si en un momento determinado no estás acertado, sabes que ese posible error te llevará por un camino mejor.

No existen los fracasos. Simplemente son maestros encubiertos para que podamos aprender y seguir progresando en nuestro sendero de vida. Esto, la meditación, ayuda considerablemente, ya que, te hace ver la vida con diferente perspectiva.

He mencionado anteriormente lo de las empresas. Bien, un caso en concreto y que quiero mencionar especialmente es el de Steve Jobs. La persona más rica del mundo, que en su biografía deja claro que el dinero para él era lo de menos, era un gran meditador.

Hizo varios retiros en la India, con yoguis avanzados para que pudiese alcanzar el estado de iluminación. La iluminación no es otra cosa que el periodo que pasa entre un pensamiento y otro, cuando estamos en calma mental.

Pues bien, él sabía de sus enormes beneficios, y los trasladaba a su vida, en este caso, el empresarial. El que haya tenido éxito con Apple y con Pixar, no es mera coincidencia. Te recomiendo leer su biografía, de Walter Isaacson. No te dejará indiferente.

Las personas extraordinarias saben de la importancia de la meditación para llevar adelante sus proyectos, sean cuales sean. He hablado de la persona más rica del mundo, porque un ranking lo ha catalogado como tal. Pero, como ves, cuando alcanzas un estado de profundidad de tu mundo interno, a través de la meditación, el dinero es consecuencia, no el fin.

Otros ejemplos que podemos mencionar de riqueza, aunque no sean ligadamente al dinero físico, son los casos de M.ª Teresa de Calcuta o de Mahatma Gandhi. Han sido dos personas sumamente exitosas y abundantes, en cambio, no tenían excesivo dinero físico.

Con este manual quiero que tú consigas todo aquello que te propongas, y, para poder llevarlo a cabo, debes establecer una rutina diaria de meditación, sea cual sea la modalidad que vayas a elegir.

En este caso te he hablado de Vipassana. Quizás sea la más pura, sin guías externos de ningún tipo, simplemente dejándote guiar por tu respiración. De hecho, hoy he practicado este tipo de meditación.

Lo interesante de esta meditación es practicar el dejar ir. Por ejemplo, en la posición de loto, de estar sentado con las piernas cruzadas y la columna erguida, no es nada sencillo mantenerse durante un tiempo determinado.

Empieza a molestarte un pie, que se puede quedar dormido, la cadera, una rodilla. Sea cual sea la molestia, tu mente te estará diciendo que te muevas, que esa incomodidad no es tolerable.

Te puedo asegurar que somos verdaderas máquinas, somos seres superiores, como mencioné en el título de uno de mis libros, *"conviértete en un ser superior"*. Somos capaces de tolerar elevados rangos de molestia o dolor.

En este caso en concreto, en el de estar en esta posición, las molestias y dolores aparecerán. Una vez que no te apegas a lo que tu mente te está queriendo decir, con que te muevas o acabes la meditación inmediatamente, el dolor o molestia se evaporará.

Esto es lo que debemos aplicar a nuestra vida cotidiana. Todo en la vida es dolor, simplemente aparece para que aprendamos y no nos apeguemos a esa situación o circunstancia. Esto es uno de los principales motivos por los cuales aplicar la meditación.

Sabrás de primera mano que, cuando dejas ir ese pensamiento de ira o resentimiento de un momento en concreto, la calma aparece. Al igual que sucede en la posición de loto, cuando dejas ir el pensamiento de que necesitas moverte, la molestia desaparecerá.

Esto directamente serás capaz de aplicarlo a tu vida, cuanto más y más practiques la meditación. Como ves, son 3 grandes cualidades que obtenemos gracias a aplicar la meditación.

Parece que no se hace nada, y, en cambio, los enormes beneficios que obtenemos gracias a incorporarla como rutina. Aquí, en occidente, debido a nuestra ajetreada vida, los médicos y psicólogos la recomiendan para calmar la mente, pero la meditación va mucho más allá.

Como ves, aprendes a aplicar el no apego, mejoras tu capacidad de concentración y atención, y, además, tu capacidad intuitiva, que, en mayor medida, está dormida por no escuchar esa vocecita interior, que todos tenemos.

Si quieres alcanzar un estado de abundancia y felicidad, deberás aplicar la meditación en tu vida. Yo llevo aplicando esta metodología 3 años, pero interrumpidamente, algo que agradezco para poder expresarte lo que quiero comentarte ahora.

Ininterrumpidamente llevo practicando meditación durante 1 año y medio. En este año y medio he tomado decisiones de las que, en otras circunstancias, sería incapaz de haberlas tomado.

Mi capacidad de intuición de ha avivado, tengo relaciones más sanas, me amo más a mí mismo, y, con ello, amo más a los demás, desde el corazón. Tengo más serenidad y templanza en mi vida, y, cada vez surgen mayores inconvenientes, es decir, maestros encubiertos, para que siga progresando por este sendero de vida.

He mencionado lo de que al ser interrumpidamente cuando empecé a practicarla, no podría decirte lo que voy a hacer ahora. Te recomiendo, que desde que decidas empezar, no te pares en ningún momento hasta que te falte el aliento, hasta el final de tus días.

Esto es como un entrenamiento físico. Cuando lo dejas, tienes que volver a empezar, y, con ello, pierdes los beneficios que podrías haber obtenido si no lo hubieses dejado. Además, es como el que desiste en encontrar el tesoro, cuando estaba a un metro para alcanzarlo.

Si la dejas, no sabes si el tesoro que podrías haber obtenido por seguirla practicando, no lo encontrarás nunca. En mi caso en concreto, retrasó todo periodo de vida. Estoy agradecido por ello, porque todo es aprendizaje, y, además, me sirve para poder transmitirlo de esta manera.

Debes confiar en que una vez que decidas aplicar en tu rutina diaria la meditación, todo lo bueno estará por llegar, te lo puedo asegurar. En el camino aparecerán nuevas oportunidades, sutiles, que sí, no aplicases la meditación, las obviarías.

Esto hace que tomes decisiones más acertadas. El universo te colocará delante de ti a esas personas, trabajos, situaciones para que tengas una vida de mayor abundancia gracias a aplicar la meditación.

Esto es de suma importancia. Como he mencionado anteriormente, la intuición es esa vocecita que está pidiendo a gritos que la escuches, para que puedas vivir una vida llena de significado, la vida que realmente te corresponde.

En este caso en concreto, al aplicar la meditación serás capaz de escucharla cada vez con mayor ímpetu, incluso, pedirás consejo a ver qué camino es el que debes tomar, para que tu vida vaya por buen camino.

En este caso puedes denominarla cuerpo, alma o como quieras. El cuerpo todo lo sabe, y la mente nada sabe. Cuando decides racionalizar una decisión de tu intuición, estás cortando toda la magia posible que obtendrías.

He hablado de la meditación Vipassana, y es la más natural y la pura, pero existen diferentes tipos de meditación. Es como un entrenamiento, y, la que mejor se adapte a ti está bien hecha. Lo más importante de todo es que puedas generar la suficiente complicidad con ella para que la practiques siempre.

A veces aplico la meditación del método Silva de ultra control mental. Esta está enfocada para aumentar la intuición. Es una gran meditación, en la que alcanzas estados cerebrales de baja frecuencia, como si estuvieses en estado de dormir.

En otros momentos, también aplico la meditación en 6 fases. Es una gran meditación, ya que, pasas por todos los estados que debes aplicar un ser humano en su día y en su vida. Estos estados son los siguientes:

· Amor y compasión

- Felicidad y Gratitud
- Paz y Perdón
- Visión para tu futuro
- Domina tu día
- Apoyo y bendición

Esta meditación lo tiene todo incluido. Estos 6 aspectos deberíamos incorporarlos en nuestro día a día. En cambio, a veces nos olvidamos de ellos. Por eso, al incluirlos en la meditación, obtendrás sus enormes beneficios.

En cambio, de nada vale que apliques esta u otro tipo de meditación, si, durante el día, tu vida es un desastre. Lo interesante de la meditación es equilibrar tu vida, tus chacras, que vivas una vida de abundancia.

La meditación es poder aplicar en el resto del día lo que conseguimos con sus enormes beneficios. No debes obviar este punto. Esto es como si vas al gimnasio, y, por otro lado, estás descuidando tu alimentación.

Para poder tener el equilibrio completo, debes ser consecuente con tus acciones. Estas acciones, serán más sencillas de llevar a cabo gracias a aplicar siempre la meditación.

Otro tipo de meditación que aplico es la de abundancia. En este caso, la realizo a través de uno de mis mentores, Bob Proctor. Ha dejado un legado enorme en cuanto al elevar el nivel de conciencia, el inspirar a las personas en su crecimiento y desarrollo personal, que es la base de cualquier ser humano.

En este tipo de meditación nos dice que todo ya está creado. Y, esta afirmación la corroboro. En cambio, en función del tipo de pensamientos que tengamos, obtendremos un camino más abundante o menos.

Los pensamientos emiten cierto tipo de energía. El autor David R. Hawkins nos habla de los niveles de conciencia. Esto, en función del nivel de pensamientos que emitas, obtendrás unas cosas u otras en tu vida.

Esto sucede con las personas. A veces te podrás estar preguntando como está cierta persona en tu vida. Pues bien, esto lo atrajiste tu mediante tus pensamientos. Ese tipo de energía es lo que estás emitiendo, y, con ello, obtienes más de lo mismo.

Gracias a la meditación, también serás capaz de conseguir elevar tu nivel de conciencia, y, con ello, obtener más de lo que estás pensando en ese momento determinado. Es un antes y un después.

Otro tipo de meditación que aplico en ciertos días es el de Marisa Peer de hipnoterapia. Lo que conseguimos con ello es aumentar nuestros niveles de confianza y amor propio. Esto es de suma importancia, ya que, nadie nos ha enseñado a ello.

Al estar en estado hipnótico, en trance, tu subconsciente queda expuesto, y, con ello, esas frases repetitivas, acaban entrando en este nivel de pensamiento, el nivel subconsciente, y el cual alberga el 95% de las creencias que tenemos.

Aplico otras meditaciones, pero estas son las que forman mi pilar de vida. Sea cual sea, aplica la que mejor se adapte a tus circunstancias. He puesto estos ejemplos porque se de sus enromes beneficios, y me gusta predicar con el ejemplo.

Además, puedes buscar más información acerca de ellas para saber cuál puedes aplicar. Simplemente quiero que tengas presente que debes incorporar la meditación en tu vida para conseguir una vida con significado y abundancia, para convertirte en una persona extraordinaria.

EJERCICIO

Este punto es también muy importante para poder tener una vida en total equilibrio. El cuerpo está diseñado para moverse. Es nuestro vehículo, y, si no lo cuidamos, pronto estaremos en el desguace.

El ejercicio es fundamental para que toda tu vida esté en armonía. No eres un deportista de élite, pero debes pensar como si lo fueses. Con esto quiero decir, que, aunque no te ejercites los 7 días de la semana, si que tengas ese tipo de mentalidad.

Con esto podrás hacer ejercicio desde un punto de vista totalmente diferente, ya que, sabrás de primera mano el motivo por el cual haces ejercicio. No es lo mismo hacer por hacer, que hacer sabiendo el verdadero para que se hace.

En este caso en concreto, el ejercicio es salud. La salud es un término amplio, y no quiero definirlo como tal. Pero, todo lo que menciono en este libro va ligado a la salud y el bienestar, y el ejercicio forma parte fundamental de este tipo de salud.

En cambio, lo he puesto después de los pensamientos y la meditación, porque, por mucho ejercicio que hagas, y los enormes beneficios que se obtienen a través de él, si no tienes una rutina de mejorar tus pensamientos, no servirá de mucho.

El ejercicio ayuda a mejorar tu tipo de pensamientos, y estarás en un punto de mayor claridad después de haberlo practicado. En cambio, si tus pensamientos son negativos, y no sabes para que haces ejercicio, los beneficios que podrías obtener se esfumarán.

De ahí que te haya dicho que lo importante es que tengas una mentalidad de deportista de élite. Ellos están igual de preparados mentalmente que físicamente. Me acuerdo de una frase de Usain Bolt. Él, en esa entrevista, decía que era tan o más importante la parte mental como la física.

Esto era debido a que nos imaginásemos lo preparado que debía estar durante cuatro años, el periodo que pasa entre una olimpiada y otra, para correr menos de 10 segundos. Una vez terminado eso, ya está. Pero como debes estar preparado mentalmente para que tu mente no te juegue malas pasadas.

Ponte por un momento en su lugar. Levantarte todos los días para hacer tus sesiones de entrenamiento, mañanas y tardes, para preparar una prueba a 4 años vista, en la que acabas esa prueba en menos de 10 segundos.

Prepararse durante 4 años para ese esfuerzo, y ya. No hay nada más. Y, además, si no llegas en óptimas condiciones, puede ser que gane o que quede en último lugar. De ahí la importancia de la mentalidad y los pensamientos.

Trasladándolo a nuestro nivel, de deportista de élite pero que no queremos competir en una olimpiada, el hacer ejercicio por un motivo determinado, marcará una enorme diferencia en el que puedas o no llevarlo a cabo.

En torno al 92% de la población que se establece propósitos acaba dejándolos antes de terminar el año. Si no tienes un motivo lo suficientemente grande, acabarás por dejarlo. El ejercicio es un pilar de nuestra salud, pero debemos hacérselo ver a nuestra mente.

Como he dicho, la salud es un tema muy amplio, y tu mente estará confusa. Debes decir cosas tales como *"hago ejercicio para poder tener mayor energía el resto del día"*, *"hago ejercicio porque ello me convierte en un padre espectacular, siendo un ejemplo para mi hijo"*, o, *"hago ejercicio para poder conseguir un ascenso en mi trabajo"*.

Son frases que entran directamente a tu subconsciente. Con ello le estarás dando un motivo de peso a tu mente para querer hacerlo, incluso en los días que no estés tan motivado. El para que es muy fuerte y grande como para no hacer ejercicio.

Tú sabes de primera mano que lo haces por mejorar tu salud. Pero como es tan amplio, debes dejar claro un motivo mayor por el cual lo haces. A tu subconsciente debes dejarle las cosas claras.

Es como si estuvieses hablando con un niño pequeño. Debes dejarlo tan claro que no se quede sin preguntas para poder hacerte, porque lo ha entendido. Dirá, *"ah, ahora si que lo entiendo, pues adelante"*.

El motivo por el cual las personas no practican ejercicio es porque no tienen un motivo de peso como para llevarlo a cabo. Esto puede suceder, por ejemplo, cuando una persona va al médico, y el pronóstico de vida es de 1 año si no realiza ejercicio.

Al proyectar el miedo, esa persona si que tendrá una razón sumamente grande como para llevar a cabo dicha acción. Si gracias a ello gana años de vida, se pondrá manos a la obra para llevarlo a cabo.

En cambio, si no hay una razón de peso lo suficientemente grande, no realizarás ejercicio. Es un pilar clave para la felicidad. En cambio, como la felicidad también es un tema tan amplio y genérico, tu mente no entenderá el para que lo hace.

Utilizo mucho una frase, porque la he establecido como ley de vida. El éxito deja pistas. Las personas exitosas, que realmente les va muy bien, practican ejercicio. No tiene porque ser ninguno determinado, aquel que mejor se adapte a ti estará bien hecho.

En este caso en concreto, como he mencionado en el capítulo de meditación, existen muchas modalidades de ejercicio. Puede ser yoga, ejercicio cardiovascular, pilates, ejercicio de fuerza, ciclismo o cualquier otro tipo que pueda existir.

El que más se adapte a ti, el que te guste, el que tu intuición te diga que ese si lo vas a llevar a cabo, el que aviva tu fuego interno cada vez que lo practicas. Ese es el ideal para ti, el cual podrás hacer durante toda tu vida.

Puede ser que, por el camino de vida, tus preferencias cambien, pero mientras esa llama esté encendida, no lo dejarás nunca. Y, en el momento de cambio, escogerás otro, pero el hábito del ejercicio ya lo has adquirido.

En mi caso en concreto, tengo predilección por el entrenamiento de fuerza. Esto es debido a sus enormes beneficios, y, además, el que, si quieres tener un cuerpo sexi y fibroso, es la manera más interesante de conseguirlo.

Esto es debido a que, gracias al entrenamiento de fuerza, se gana masa muscular, en el caso de las mujeres, apenas, pero si que hará conseguir una figura más esbelta y tonificada, es decir, con menor porcentaje graso.

Esto es debido a que, una vez que hacemos entrenamiento de fuerza o con pesas, el músculo demandará mayor energía, aunque la sesión de entrenamiento haya terminado.

A groso modo, aunque luego tu día sea sedentario, tu cuerpo consume más que si no hicieses este tipo de entrenamiento. Esto es un punto muy a tener en cuenta, no solamente por el aspecto físico, si no, por tu mejora de los niveles de salud.

Lo importante es que te ejercites, más allá de la modalidad que decidas escoger. Sea cual sea, está bien. Además, el ejercicio también hará que socialices más, algo también se suma importancia para tu felicidad y bienestar.

Me he dedicado de lleno a ser entrenador personal durante más de 6 años, en los cuales, más allá de las mejoras estéticas, las mejoras de felicidad eran más que evidentes. Además de ser entrenadores, hacemos función de psicólogos.

Me enriquecía enormemente ver como las personas venían a veces sin ganas al entrenamiento, y luego de la sesión, salían con una sonrisa en la cara. El ejercicio es salud a estos niveles.

Puedes probarlo por tu cuenta. Como te he dicho antes, no te creas nada, ten una mente abierta, pruébalo tu mismo y luego valoras. Lo que, si te pueda asegurar, que sí, acabas encontrando una modalidad que realmente te guste, tus niveles de felicidad se verán sumamente recompensados.

Se tiene una creencia errónea de que el ejercicio físico cansa, y que, después de haberlo hecho, tus niveles de energía para el resto del día se ven mermados. Esto está lejos de la realidad.

Es totalmente, al contrario. Si escuchas a alguien decir que por haber hecho ejercicio tiene menos niveles de energía, el motivo es que está practicando uno que no es el idóneo para su situación.

Esto sucede con cualquier cosa en nuestras vidas. Si hay algo que nos resta energía, no es por el esfuerzo, es porque no estamos cómodos haciendo eso, no estamos destinados ni creados para llevar eso a cabo.

Con el ejercicio sucede exactamente lo mismo. No es que sea extenuante, es que no disfrutas haciéndolo, lo que hace que los niveles de energía se vean repercutidos. Esto debes guardarlo como información para cualquier ámbito de tu vida.

Si hay algo que te está restando energía, o bien cada vez, gradualmente vas haciendo e implicándote menos tiempo en esa tarea, o, la eliminas por completo. Estás en esta vida para disfrutar, no para perder el tiempo.

Si llegas al final del día pensando en todas las cosas que están en tu vida que deberías desechar, es porque hay algo que está fallando. Mientras no cambies esto, todo estará en un completo desequilibrio.

De ahí que, tanto a través de este libro como de mis otros libros, o conferencias y seminarios, mi mensaje sea el de vivir una vida con significado. Hacemos cosas que no queremos para contentar a personas que nos hacen ningún bien.

En el transcurso de pasar cada vez menos tiempo en eso, debes poner el foco en todo lo que si funciona en tu vida. Mencionado al pensamiento positivo, no puedes eliminar lo negativo, pero si enfocarte en lo positivo.

Uno de esos motivos es que puedes hacer ejercicio, ya que has despertado un día más. Hay personas que no llegan a despertarse de un día para el otro. Solamente por esto, es importante que te enfoques en lo realmente importante.

Aun siendo un capítulo de ejercicio, me gusta llevarlo más allá y enfocarlo desde un paradigma transversal, no solamente como ejercicio físico propiamente dicho. Esto lo hago así porque es de suma importancia saber que hay algo mayor que solamente el ejercicio.

Esto lo he vivido en carnes propias, y en la de mis clientes. Cuando me enfocaba solamente en los ejercicios, mi atención disminuía, tanto en mis entrenamientos como en la de mis clientes.

Debemos asociar la parte del entrenamiento y ejercicio con la parte emocional, para que exista una mayor adherencia. Esto debes grabarlo como oro en paño. Si no, lo mencionado anteriormente, acabarás dejándolo.

Llevándolo a la parte más racional, el ejercicio tiene múltiples beneficios, los cuales te voy a mencionar a continuación:

- Mejora la forma y resistencia física.
- Regula las cifras de presión arterial.
- Incrementa o mantiene la densidad ósea.
- Mejora la resistencia a la insulina.
- Ayuda a mantener el peso corporal.
- Aumenta el tono y la fuerza muscular.
- Mejora la flexibilidad y la movilidad de las articulaciones.
- Reduce la sensación de fatiga.
- Aumenta la autoestima.
- Mejora la autoimagen.
- Reduce el aislamiento social.
- Rebaja la tensión y el estrés.
- Reduce el nivel de depresión.
- Ayuda a relajarte.
- Aumenta el estado de alerta.
- Disminuye el número de accidentes laborales.
- Menor grado de agresividad, ira, angustia...
- Incrementa el bienestar general.

Como puedes ver, no son pocos los beneficios que obtenemos gracias a poner como hábito diario una rutina de ejercicios. En cambio, todos estos beneficios son muy racionales, y no incentivan a hacer ejercicio.

De ahí que te haya dejado claro que tu motivo debe ser más amplio que cualquier justificación racional. Debe ser algo que genere en ti un sentimiento y emoción grande, la cual te lleve a dar el paso.

El ejercicio físico se de primera mano todos los beneficios que obtenemos gracias a llevarlo a cabo. En cambio, como cualquier otra cosa, se necesita de acción. De nada vale que estés leyendo esto y caiga en el olvido.

Si ya estás haciendo ejercicio, te doy mi más sincera enhorabuena, sigue así. Si, en cambio, aun no lo tienes incorporado en tu rutina diaria, te animo a que lo hagas antes de que sea tarde.

En mi caso en concreto, cuando empecé a ejercitarme, el motivo más grande era mejorar mi autoestima. Lo hizo sin duda, y me sentía muy conforme con mi cuerpo. Esto hacía que fuese más feliz en ese momento.

El punto de máximo progreso fue cuando decidí involucrarme en mi desarrollo personal y espiritual, mediante formaciones, lecturas y meditación. Como la parte física la tenía cubierta, ahora esto ha sido el ir un paso más allá para conseguir la abundancia y el bienestar.

Todo lo que escribo lo pongo en práctica, para ser el mejor ejemplo, y, con ello, poder predicarlo. No todo lo que he probado me ha servido, pero, por lo menos, tengo una idea gracias a haberlo puesto en práctica.

De ahí que te haya dicho que no te creas nada. Prueba todo por tu cuenta, con una mente abierta, y ahí es cuando obtienes los máximos beneficios y resultados. Mientras tanto, no serás capaz de conseguir lo que realmente te corresponde.

Lectura y formación

Es una condición que debería existir en cualquier persona que desee conseguir la abundancia y el éxito en la vida. Las personas mediocres tienen la televisión más grande que sus bibliotecas, las personas abundantes tienen más grandes sus bibliotecas que sus televisores.

En este caso en concreto, he utilizado apelativos para ponerlo en contexto, aunque como he mencionado en el capítulo de pensamientos, no debemos juzgar, porque si no seremos juzgados.

Cuando utilizo los adjetivos es para traer a tierra una frase determinada. No existen personas mejores ni peores, simplemente unas son más conscientes que otras. Ahí radica la calidad de vida de una persona.

En este caso en concreto, lo que te hace mejorar la calidad de tu vida y vivir una vida llena de significado, de prosperidad y de abundancia es el adquirir cada vez mayores conocimientos y sabiduría.

He mencionado en el capítulo de ejercicio que lo que me ha dado el mayor bagaje y confianza en mi mismo ha sido la lectura y formación, es decir, el desarrollo persona y espiritual. En función de las lecturas, podrás llegar a ser una persona extraordinaria.

Además, los libros que leas por segunda vez te aportarán cosas diferentes, ya que, no es que esa información anterior no estuvieses, si no que, tu no estabas en posición de absorber ese tipo de información la primera vez.

Esto es que, no eres la misma persona. Una persona que no crece, está muriendo. La vida es creación o desintegración. Una planta que no se riega ni le da el sol, acaba muriendo. Esto mismo sucede contigo y conmigo.

De ahí que sea de suma importancia que establezcas como hábito el crecer. Esto lo consigues a través del aprendizaje continuo. Debe ser un pilar de tu vida para alcanzar la verdadera plenitud, la verdadera felicidad.

Toda persona de éxito ha dejado su legado a través de un libro. Tenemos toda esta información al alcance de nuestras manos. El no aprovecharla sería un verdadero delito. Al igual que tu historia, única e irrepetible, se podría escribir en un libro.

Siempre vas a poder ser una fuente de inspiración para cualquier otra persona. En este caso en concreto, debes saber que en los libros está toda la información que necesitas para vivir una vida abundante.

Algún reto que tengas que superar en un momento determinado, alguien ya lo ha resuelto anteriormente. Luego le pondrás tu sello, pero gracias a haber adquirido toda esa información y aprendizajes de otros, podrás llevarla a cabo.

El aprendizaje continuo debe ser como un mandamiento de vida. Es una verdadera pena que en la escuela no nos enseñen lo verdaderamente importante. Y aún más pena es que cuando acabamos la escuela no abramos ningún libro más.

No te preocupes si has pasado por esa situación, porque yo también lo he hecho así. Hemos sido educados para ello, para no pensar de manera diferente. En cambio, en tu caso en concreto, te doy la enhorabuena.

Te doy mi más sincera enhorabuena porque si estás leyendo estas líneas es porque estás pensando de manera diferente, y sabes que el aprendizaje es un pilar fundamental en tu vida.

Existen millones de libros. Los cuales, algunos de ficción, son interesantes para pasar el rato en determinados momentos, como el que mira una película sin más. Pero, en cambio, esos no son lo que ye van a hacer progresar.

Igual adquieres destreza de lectura, pero simplemente eso. Es como si vas al gimnasio a entrenar. Haces los ejercicios de calentamiento, y luego pasas a la acción. Esos tipos de libros son el calentamiento.

En cambio, si te quedas en el calentamiento no progresarías jamás. Es bonito por fuera, en cambio, el contenido no te hace progresar. Esto sucede con los libros de ficción. Son interesantes para ciertos aspectos, pero no para crecer como persona.

Además de la lectura, la formación debe ser un pilar fundamental en tu andadura por la vida. La formación, además de adquirirla a través de los libros, deberás absorberla a través de diferentes mentores.

Estos mentores son personas que están en un punto al cual tu quieres llegar y el cual estás aspirando actualmente. Un mentor es una figura que ya ha transitado el camino por el cual tú quieres caminar.

Te recortará tiempo, porque te transmitirá su sabiduría, mediante aprendizajes propios y experiencia. Luego, como he mencionado anteriormente, deberás ser crítico y saber que es lo que puede servírte y lo que no.

Además de establecer un vínculo estrecho con el mentor, las formaciones son interesantes para el networking con los demás compañeros, que están en un punto similar al tuyo. Esto es enriquecedor, el ver como avanzáis de la mano.

El aprendizaje continuo es un pilar de tu vida. Si no lo es ya, debes establecerlo como tal. No es necesario que sean 3 horas, por ejemplo. Esto puede llevarte a desconcentrarte. Más vale 20 minutos enfocado y concentrado que varias horas al 70%.

Todo ámbito de mejora necesita enfoque y disciplina. Si todos los días te estableces como hábito leer 20 minutos diarios, al final de la semana habrás leído un libro. Esto, a final del año son casi 50 libros.

Podrás estar pensando que depende del libro, y de las páginas que tenga. Vamos a ponernos en el peor de los casos, en el que leas un libro al mes. Pues bien, en este caso en concreto, estarás leyendo 12 libros al año.

Si has sido selectivo a la hora de escoger los libros, y son libros los cuales te harán progresar. En este caso, estás leyendo más que la gran mayoría de la población, y no solo eso, si no que, estás aprendiendo a pasos agigantados.

He puesto el mínimo tiempo del cual puedas dedicarle y disponer única y exclusivamente para ello. Actualmente, soy consciente de que no todos podemos escoger dedicarles más tiempo a algunas tareas.

En mi caso en concreto, quiero ir un paso más allá para poder emitir mi mensaje a miles de personas. Esto hace que invierta miles de euros en mentores, libros y formaciones. Además, de involucrarme para con ello ser una fuente de inspiración, sobre todo, para mi hijo Leo.

Luego el ya cogerá lo que quiera, pero eso ya no está en mi mano. En mi mano está cuidar de mi mismo, y, con ello, que el pueda ver un ejemplo a seguir. Al igual que con mi hijo de 10 meses, lo quiero conseguir con el resto de la humanidad.

Actualmente, para poder hacer todo esto y llevarlo a cabo, me levanto todos los días a las 4 am, para poder meditar 1 hora, leer otra hora y formarme durante 20 minutos. Luego entreno, mientras entreno me sigo formando, que son en torno a otros 20-30 minutos.

Posteriormente camino, mientras hago una formación de inglés, leo 20 minutos más, y, luego, comienzo a escribir y dedicarme a mi profesión. Lo organizo de tal forma que pueda tener gran parte de la tarde libre para estar con Leo.

He puesto antes el ejemplo de que todos tenemos unas circunstancias determinadas. Como puedes ver, en mi caso en concreto, también tienen su manera. Si quiero conseguir algo, se que tengo que involucrarme de tal forma para alcanzar mis deseos.

Como decía Jim Rohn, tu proyecto solamente crecerá hasta donde crezcas tú, esto es, invierte más tiempo en ti que en tu propio proyecto. Somos el proyecto más importante de nuestras vidas.

De ahí que haya incluido este capítulo en este libro. Solamente progresarás en la medida en que te involucres en tu desarrollo personal. Esto debes tenerlo muy en cuenta. De no hacerlo, cabe esperar que te mueras, coloquialmente hablando.

Todo está en continuo cambio. O creces o vas hacia abajo, no te queda otra. No te quedas nunca en como estás. Eso quiero que te quede muy claro. Por ello, debes involucrarte en ti, si no, tarde o temprano estarás obsoleto.

Todos los capítulos de este libro son desarrollo personal, porque son cualidades y capacidades, que a medida que practiques más y más, serás una persona cada vez más completa, día tras día.

Ponte metas grandes, y avanza hacia ellas, aunque sea un 1% diario cada día. Esto es lo que marca realmente la diferencia, de las personas verdaderamente exitosas y las que no. Las personas abundantes saben que cada día que no crecen, es un día perdido.

De nuevo, te vuelvo a dar mi enhorabuena por estar leyendo estas líneas. Estoy enormemente agradecido al encontrarme a personas como tú, que quieres seguir progresando, que saben que hay algo más que deben descubrir.

Todos transitamos por el mismo camino. Algunas personas acaban la vida sin haber descubierto el verdadero para que, el verdadero significado de porque han venido al mundo. Esto me provoca tristeza, ya que, no decidieron involucrarse en ellos mismos.

Aquí está la famosa zona de confort. Es más sencillo estar en el mismo sitio. Aunque se esté pasando un dolor agudo, es mejor ese dolor que el dolor por transitar una zona desconocida.

Todos, cuando salimos de la zona de confort, aparece ante nosotros un mundo lleno de oportunidades y posibilidades. En cambio, nos movemos más por alejarnos del dolor que por acercarnos al placer.

Esto es como si el dolor mismo fuese un clavo, y, la persona, un perro. Transita por la vida, y acaba sentándose en ese clavo. Ese clavo es la zona de confort, es doloroso, si, pero más lo es levantarse y moverse hacia otro lugar.

Todos pasamos y nos sentamos en diferentes clavos. Cuanto menos tiempo se esté en ellos, es significado de que más estaremos progresando. Esto debes tenerlo en cuenta. Y, ahí, aparece la lectura y la formación.

Esto hace que tengas mayor amplitud de miras. Sabrás que existe un mundo ahí afuera, esperando por ti a que quieras dar el paso y alcanzarlo. Esto te da el bagaje suficiente para que sigas caminando, que tomes acción.

Si quieres conseguir realmente ser una persona abundante y próspera, en la cual te sonría la vida porque tu le estás dando todo lo que se merece, debes aplicar el aprendizaje continuo a tu vida. Ello marcará un antes y un después.

También te pongo en contexto. No quieras pasar de cero a cien en poco tiempo. Como dice un buen mentor mío, más vale estudiar 20 minutos enfocado que 3 horas sin poner ese enfoque necesario.

De ahí que antes te haya puesto el ejemplo de los 30 minutos diarios. No es necesario que apliques más si actualmente no lo estás haciendo. Estos 30 minutos, al final del mes, son una media de 900 minutos, lo que, son unas 15 horas mensuales de aprendizaje.

Esto son muchas horas que no aplicas actualmente. Si tu caso es que ya estás en el desarrollo personal y aprendizaje continuo, te doy mi más sincera enhorabuena. Actualmente, tenemos grandes facilidades para poder aplicar este recurso.

Hay mucha gente que dice que no tiene tiempo. En cambio, algunos de ellos se pasan 4 horas con el teléfono móvil. Otras, en cambio, se van a tomar algo con amigos. Estos dos recursos, son necesarios, pero todo con un sincero equilibrio.

Dicen que no tienen tiempo para poder leer al menos 30 minutos diarios. En cambio, cuando están con el móvil o con amigos, no ponen límites. Voy a explicar esto detalladamente, para que pueda quedar más claro.

Se debe fluir, pero en determinados momentos. Debemos tener una rutina diaria para cumplir con nuestras metas, y, con ello, alcanzar la abundancia y el bienestar, que para cada cual será una cosa totalmente diferente.

El gran problema de nuestra actualidad es que no sabemos establecer orden de prioridades. Debemos saber cuando establecer ciertos límites. Por ejemplo, si estás con amigos, y llega un momento en el cual, cada uno está con su móvil o hablando de trivialidades, es momento de poner final al encuentro.

Quizás, esos 30 minutos se podrían aprovechar para invertirlos en una buena lectura, lo que hará, que, en la siguiente reunión con esos amigos, se consiga tener una conversación mucho más completa gracias a tus aprendizajes.

Al igual que sucede con el teléfono móvil. Es interesante, y, sobre todo, porque tenemos mucho conocimiento en las redes, si sabemos seleccionarla. El problema aparece cuando no ponemos límites. Este tiempo mal invertido, podría ser un gran aliado destinado al aprendizaje.

El no tengo tiempo, no es la frase más adecuada. Es el no es mi prioridad. Ahí es totalmente legítimo. En cambio, el tiempo, juega malas pasadas si no sabemos aprovechar bien nuestro presente e involucrarnos en el desarrollo personal.

En cambio, esos 30 minutos diarios bien destinados al aprendizaje, generan intereses compuestos a posteriori. Es nutrir tu mente con nuevos conocimientos que, por ti solo, sería muy difícil de alcanzarlos.

He escuchado hace poco que Elon Musk, el sábado y el domingo destinaba 10 horas diarias a leer. Según él, fue el gran aliado para construir SpaceX. Decisiones difíciles, vida fácil. Al contrario, decisiones fáciles, vida difícil.

Ni quiero decir con esto que debamos ser como él. Pero, cualquier persona tiene un potencial enorme dentro de si mismo, simplemente hay que frotar para que ese diamante brille. Toda persona puede conseguir la abundancia que desee.

Incluso, para personas que van justas de tiempo porque, siendo honestos, podemos pasar todos por diversas etapas en nuestras vidas, el ir escuchando un podcast mientras vamos conduciendo, es tiempo bien invertido. Actualmente, tenemos muchas facilidades como para no estar en continua formación.

Es algo que he aprendido de las personas abundantes y exitosas. Una de las cosas que marcó la diferencia en sus vidas fue la lectura y formación, al igual que los mentores que pudieron tener.

Más allá de cual sea tu propósito, debes saber, que, si quieres vivir una vida con significado y abundante, debes implementar el aprendizaje continuo en tu rutina diaria. Y, que sean lecturas de crecimiento.

Este es uno de los pilares de una vida frutífera y llena de buenos momentos. Persona exitosa, lectura en mano, sin duda. Además, gracias a este tipo de lecturas, serás capaz de ver algo en ti, que, hasta el momento, no eras capaz de observar.

Sumado a la meditación, en la cual avivas tu intuición, serás capaz de ver nuevas oportunidades. Serán sutiles, pero, al haberlas leído con anterioridad, serás capaz de percibirlas, cada vez, en mayor medida.

En mi caso en concreto, la lectura ha marcado un antes y un después en mi vida. Como he mencionado en el capítulo de pensamientos, los cuales son energía y emiten un cierto tipo de vibración, he empezado a pensar de manera diferente.

En este caso, han aparecido nuevas oportunidades ante mí, que, hasta ahora, era incapaz de percibirlas. No solamente esto, si no que, al emitir cierta vibración, resueno y vibro con determinados tipos de personas.

Esto hace que, se cumpla la ley de la resonancia. Todo aquello que atraemos a nuestras vidas es porque estamos vibrando en el mismo nivel, es decir, atraemos a nuestras vidas aquello que somos, aquello que pensamos.

Esto es de suma importancia. Al haber incorporado la lectura en mi vida, han desparecido de mi vida ciertas circunstancias y han aparecido otras en su lugar. Esto hace que, a mi me gusta llamarlo universo, me de más de lo que estoy pensando.

El gran autor Neville Goddard nos lo explica muy bien en sus libros, en especial, en el de *"El poder de la conciencia"*. Nos convertimos en aquello que pensamos, en lo que depositamos la suficiente fe.

Lo interesante de la lectura, es que, tienes una visión más amplia y te hace ser una persona con una mente más abierta. En mi primer libro, *"Mejora tu vida"*, había escrito que, según Estudios de Harvard, en torno al 92% de las cosas las cuales pensamos no acaban sucediendo.

Después de haber analizado este porcentaje, y según diferentes lecturas, he llegado a la conclusión de que este mensaje es, según el ámbito científico y psicológico, para un público que padece de ansiedad.

Esto lo que hace es que, disminuya el pensamiento en este tipo de personas, ya que, continuamente están pensando en un futuro y no viviendo el presente. En cambio, todo aquello que piensas con la suficiente emoción y sentimiento, se acaba materializando en el plano físico.

De ahí, que, si quieres conseguir la abundancia y felicidad en tu vida, leas a personas que ya han pasado por tu mismo camino, para que puedas transitarlo en menor tiempo, aprovechándote de sus enseñanzas.

Todo día que se pasa sin aprender algo nuevo, es un día perdido de vida. Debemos implicarnos en nuestro crecimiento y desarrollo personal, para, con ello, poder dar el máximo potencial de nosotros, ser una persona más completa.

ENTORNO

Este es otro de los pilares que te podrán acercar o alejar de la verdadera felicidad y abundancia en tu vida. El entorno debes cuidarlo como si fuese la última cosa que hicieses en tu vida.

Párate un momento a pensar en tu entorno más cercano. Si tuvieses hijos, o si los tienes, te gustaría que fuesen sus educadores. Si la respuesta es no, te has respondido tu mismo. Si no los quieres para tus hijos, plantéate porque sigues teniéndolos como tu círculo de influencia.

Como dice el gran Jim Rohn, *"somos la media de las 5 personas con las que pasamos más tiempo"*. En este caso en concreto, si eres un águila, pero estás metido en un gallinero lleno de gallinas, pronto se te olvidará volar y cazar.

He puesto esta analogía para que pueda quedar claro. Ninguna persona es gallina o águila. Todas las personas, como he mencionado en el capítulo anterior, tienen dentro de si mismas un potencial enorme, simplemente que no lo saben.

Por ello, tú, que estás leyendo este libro, y si que sabes que tienes ese potencial, o, al menos, quieres saberlo, no puedes rodearte de personas las cuales no quieren saber nada del asunto. Tú no puedes ayudar a quien no quiere ser ayudado.

Esto último es de suma importancia. Debes limitar el tiempo que pasas con ciertas personas, para, con ello, que puedan aparecer otras en tu vida. No por ello dejarás de ser empático, simplemente que sabes bien lo que quieres.

Esto es como si estás continuamente delante del televisor mirando los informativos. Acabas absorbiendo esa información, aunque no quieras. Tu subconsciente no puede elegir si es verdad o no.

Entonces, como no es capaz de seleccionar lo que le va a funcionar y lo que no, debes tener en cuenta que, deberás apagar la televisión y desviar el foco de esos informativos. Esto sucede igual con las personas.

Por eso, lo que debes hacer es seleccionar a las personas que si quieres pasar más tiempo con ellas. A veces, es un proceso intenso, ya que, hay personas que forman parte de tu núcleo familiar.

No quiero decir con ello que los olvides. Simplemente, estáis en puntos diferentes de vida, y, con ello, inevitablemente, debes ser selectivo a la hora de pasar tiempo con ellos. No sucede absolutamente nada, ellos lo acabarán entendiendo.

Además, quiero dejar claro que, no existen personas tóxicas. No puedes juzgar a nadie porque no esté atravesando un buen momento, ya que, simplemente tiene que solucionar ciertos asuntos para tener diferentes puntos de vista.

Yendo un paso más allá, igual ahora te estés planteando que un miembro de tu familia, tu pareja, un amigo u otra persona sea tóxica y no quieras pasar más tiempo con esa persona. Vale, responsabilízate y da el siguiente paso.

En cambio, siguiendo con este hilo, tú has atraído a tu vida ese tipo de persona. Como he dicho, los pensamientos emiten cierta energía, lo que hace que, atraigas más de eso mismo en lo que estás pensando.

Podrás estar pensando también, que, ese familiar no lo has elegido tú. Pues bien, incluso eso lo has elegido tú. Si has escuchado hablar alguna vez del karma o las constelaciones, sabrás que tú has venido a este mundo a través de tus padres, no que ellos te hayan elegido.

Tú vienes con unas determinadas tareas a este mundo físico. Esto hace que te encuentres con unos entresijos que deberás resolver. Simplemente eso. Hazte el responsable, y, si tienes que mediar en una relación y establecer límites, debes dar el paso siguiente.

Es un tanto confuso este tema, pero sucede, y, doy fe de ello. Todo en nuestra vida tiene una razón de ser, no ha pasado por casualidad. Esto es debido a que, tienes que hacerte consciente de todo lo que sucede en tu vida.

No existe el destino, todo sucede por algo. Ni la suerte. Existe la buena suerte, después de haberte labrado todo eso que has conseguido. En cambio, si crees en la suerte, puedes ir eliminando este concepto de tu diccionario de palabras.

Te pongo un ejemplo muy visual. Las personas que les ha tocado la lotería, y, no se han preparado para ello, al cabo de poco tiempo, vuelven al punto en el que se encontraban antes, o, peor. Esta es la suerte, la que es efímera.

Volviendo al entorno, debes ser muy selectivo con las personas que tienes a tu alrededor. El primer paso es el que más cuesta, pero el más satisfactorio.

A la larga, quien quiera seguir tu camino, estarás con los brazos abiertos para recibirlos.

Un viaje de mil millas comienza con el primer paso, como decía Lao Tse. Esto es lo que debes tener en cuenta, no solamente con tu entorno, si no con todo lo mencionado en este libro. El primero es el más intenso, los demás, se sucederán a medida que des ese primer paso decisivo.

Cuando quieres generar un equilibrio en ti, generarás un desequilibrio a tu alrededor. Esto debes tenerlo muy presente. Tendrás a muchas personas en contra. En cambio, cuando suceda esto, párate a pensar si tu quieres la vida que ellos tienen.

Si has contestado a la pregunta que te he hecho al inicio de este capítulo, el cual establecías si querías o no que las personas de tu entorno cuidasen de tus hijos, esto último va ligado a ello.

Si no quieres la vida que ellos tienen o quieren, deberás establecer un distanciamiento, porque, como he mencionado, acabas convirtiéndote en aquello de lo que te rodeas, de lo que pasas más tiempo con ello.

Por ello es tan importante que leas. Son, además de una fuente de sabiduría, tu principal pilar para poder rodearte de un entorno agradable. Esta comprobado, según diferentes autores que he leído, que las lecturas también forman parte de nuestro entorno, como si estuviésemos tomando un café con los autores.

Tu entorno marcará en gran medida tu vida presente y futura. Esto debes tenerlo muy en cuenta. Formas parte de un colectivo, y, con ello, te arrastrarán a donde quieran ir ellos. Incluso, si hay una persona tóxica solamente, en un entorno, arrastrará a las demás hacia abajo.

Por ello, no solamente debes cuidar esas 5 personas, si no que, si hay una solamente, debes saberlo de primera mano y alejarla de ese grupo, si no, lo que resultarás, es que contaminará al grupo.

Como he dicho, no existen personas tóxicas, buenas o malas, simplemente no están atravesando un buen momento. Además, hay personas reacias a que tengan otro punto de vista, una mente más abierta, lo que hace que no sean capaces de mirar otras opciones.

En este punto, lo mejor es alejarse de ese entorno. Al principio, será doloroso, porque nos han enseñado a que debemos tener apego hacia ello. En cambio, debes practicar el no apego, el cómo sea está bien.

Es un trayecto, y de primeras, sentirás emociones de miedo, por quedarte solo, o excesiva empatía, que no deja de ser una modalidad del apego. Tú debes emprender tu camino, y, quien quiera seguirte, bienvenido sea.

Esto debes grabarlo y ponerlo en un sitio en donde puedas verlo todos los días. No puedes ayudar a quien no quiere ser ayudado, no está en el momento de que tú puedas hacer nada. Si necesita ayuda, sabrá en donde encontrarte.

La selectividad en tu entorno, no solamente marcará a donde puedas o no llegar, además, también tus niveles de abundancia y felicidad. El entorno influye directamente en todo lo que tenemos, ya que todo es energía.

Te pongo un ejemplo en concreto. Suma el dinero que tienen las 5 personas con las que pasas más tiempo. Luego, divídelo entre 5. El resultado será más o menos lo que tengas en tu cuenta bancaria.

El dinero es otra forma de energía, por lo tanto, vibra al unísono con tus pensamientos, y, con ello, tu entorno. Al estar en ese entorno, pensarás y hablarás de una determinada manera, lo que hará que consigas ciertos resultados.

Lo del entorno no lo tuve muy en cuenta hasta hace bien poco. Esto me hizo ser más selectivo, y pasar más tiempo con personas que potenciasen mi grandeza interior. Debemos rodearnos de personas que nos impulse.

Esto es natural, ya que, por si solo, el ser humano tiende a no salirse de lo conocido, de su zona de confort. En cambio, cuando das ese primer paso, el que parece que te conduce hacia el precipicio, ves ante ti un universo lleno de posibilidades.

Son procesos intensos, y, los cuales, en el presente es difícil de valorar los aspectos positivos. Pero, mientras no agradezcas lo que tengas, no podrás conseguir alcanzar a donde quieras llegar.

El universo siempre te pondrá en el camino circunstancias para que puedas progresar, nada sucede por casualidad. Eso que estés teniendo en este preciso instante, en algún momento, mediante tus pensamientos, lo has atraído hacia tu vida.

Entonces, teniendo esto en cuenta, espero que a partir de ahora sepas seleccionar muy bien tus pensamientos, para, con ello, atraer más de lo mismo a tu vida, y, por consiguiente, tener un entorno agradable y próspero.

Se que puede sonar un tanto lejano los aspectos y fundamentos que te he mencionado hasta el momento, cosas que miras difíciles de conseguir a corto plazo. Primeramente, he puesto la palabra difícil, pero vamos a eliminarla del vocabulario y cambiarla por reto.

Es un reto, y como tal, lo vas a conseguir. Lo que debes hacer es tomar acción, dar ese primer paso que te acercará hacia tu grandeza como persona. Ese primer paso es lo que va a marcar la gran diferencia.

En cambio, si solamente te quedas leyendo esto y pensando en ello repetitivamente, no podrás avanzar en ningún aspecto de tu vida. Esto debes tenerlo muy en cuenta. En el libro *"El secreto"*, el mensaje es un tanto confuso.

En él nos dicen, mediante la Ley de la Atracción, que podemos conseguir todo lo que nos propongamos simplemente pensando en ello. El pensamiento es la base para poder atraerlo, y, la acción, la consecución de poder tenerlo. Sin acción, nada se podrá conseguir.

Además, la Ley de la Atracción deriva de su principal ley, la de Vibración, en la cual establece que vibramos y resonamos en una determinada frecuencia, lo que hace que atraigamos a nosotros ciertas oportunidades o situaciones.

Esto quiero que lo tengas muy en cuenta. El reto se alcanza gracias a haber aprovechado las circunstancias que tienes actualmente y haber tomado acción hacia el objetivo que te hayas marcado. Esto es de suma importancia.

En cambio, si no tomas acción, nada sucede. Por ello, las casualidades no existen. Si tu decides dar ese pequeño paso, es cuando empiezan a surgir esas casualidades, oportunidades en tu vida que deberás aprovechar para continuar por tu viaje de mil millas.

El entorno deberás cuidarlo para poder transitar este camino, este viaje, de la mejor manera posible, de la forma más fructífera. No quieres tener como compañero de viaje a personas que te lastren o te digan que por ese camino no vas bien.

Tu eres el dueño y señor de tu vida. Podrás cometer errores, pero serán tuyos, lo que te llevarán a aprendizajes, lo que harán que progreses hacia una determinada meta. Es lo que se denomina experiencia.

Si te dejas guiar por personas que no suman, acabarás viviendo una vida sin significado. Ten claro que si no vives tu vida estarás viviendo la vida de otra persona. Esto, en tu lecho de muerte, es lo que hará que recapacites.

Quizás no debas llegar al final de tus días para querer haber hecho las cosas de diferente manera. Actúa ya en este preciso instante. Esto es lo que hará que puedas vivir una vida de sustancia, y no de existencia simplemente.

Cuida de tu entorno. Volvamos al día de tu fallecimiento, para que puedas valorar la muerte, y, con ello, tu vida. Si estuvieses en tu funeral, que querrías que dijesen de ti tus allegados y familiares, y quien quieres que estén en ese momento.

Cuando valores este momento como tal, cargado de emotividad, podrás ir un paso más allá y saber que es lo conveniente para que tu vida se haya cumplido de manera fructífera.

Se consecuente con tus actos. Tus pensamientos y acciones determinarán la calidad de tu vida, lo que te llevará a conseguir una vida llena de grandes logros, o, en cambio, una vida sin gloria.

Esto, es, en gran medida, por haber cuidado de tu entorno, de las relaciones íntimas, esas que te harán progresar y construir esa vida de abundancia y plenitud, con lo cual, tendrás una vida exitosa.

RESPONSABILIZARTE

Es importante que te hagas el responsable, primeramente, de lo que piensas, como te he mencionado anteriormente, y, luego, de tus palabras y acciones. Si cuidas y te responsabilizas de tu manera de pensar, todo en tu vida se alineará.

Nada sucede en tu vida por casualidad ni por mera coincidencia. Si estás culpando a todo lo externo por lo que tienes ahora mismo en tu vida, deberás saber que estás cometiendo un grave error.

Todo tu exterior es directamente influenciado por tu interior. Tengo un mantra que me repito diariamente, en el cual me digo que, *soy más de lo que aparento, toda la fuerza y el poder del mundo están en mi interior*. Este mantra lo tiene todo. Cuando cambias tu forma de mirar el mundo, todo el mundo que miras cambia.

Cuando estableces esto como hábito de vida, deberás saber que, gracias a que tu interior está equilibrado, todo tu exterior se equilibrará directamente. Debes responsabilizarte de ti, da nadie más.

Es muy sencillo culpar al resto por todo tipo de acciones. Los demás son un fiel reflejo de lo que pasa por tu interior, y, echando balones fuera y culpando al resto, atraerás más de eso a tu vida.

Cuando tengas esto en cuenta, y decidas hacerte el responsable de todo lo que acontece en tu vida, todo cambiará para mejor, te lo puedo asegurar de primera mano. Eres el único y verdadero responsable te toda tu creación.

Esto es, tu pasado ha sido responsabilidad tuya, tu presente es responsabilidad tuya, y, como no cambies, tu futuro será igual que tu pasado y presente, por no haber dado un paso al frente y responsabilizarte de tus pensamientos y acciones.

Quiero que grabes esto anterior. Nada sucede por casualidad, todo es causal. Todo sucede porque tu lo has creado en algún momento en concreto de tu vida. No se sabe cuanto tarda en materializarse, pero sucede. Esta demora es en función de tu fe y atención en ese tipo de pensamientos.

Hazte el responsable, y con ello, serás una persona a tener en cuenta, una persona de valor. Tienes un éxito grandioso cuando decides hacerte responsable de tus actos en concreto. Nadie tiene el control de tu vida, salvo tú mismo.

Cuando llevas a cabo el acto de hacerte responsable, todo en tu vida cambia. No echarás la culpa a nadie, simplemente sabrás que eres el responsable de eso que sucede en concreto en ese preciso instante.

Tú tienes las llaves de tu vida. Sabrás cuando debes abrir una puerta y cuando debes cerrarla. En cambio, cuando culpas, dejas todas las puertas abiertas, para poder echar la basura que tienes en tu interior, que no es más que ira y resentimiento.

Esto es de suma importancia que lo tengas en cuenta. Cuando alguien actúa bajo otro prisma u otro paradigma diferente al tuyo, podrá hacerte daño, pero tú eres el responsable de cerrar esa puerta.

Esto lo consigues gracias al acto del perdón. Cada persona lo hace de la mejor manera que sabe en cada momento determinado. Cuando aplicas el perdón, además de bajar la intensidad emocional de ese momento, hará que, cada vez que la recuerdes, así como aparece, la dejes ir.

Incluso, aplicando la técnica del perdón, en un momento en concreto, no tienes la capacidad de saber cuándo, pero esa persona volverá a ti, con otra perspectiva, ya que, tu parte de sanación la has llevado a cabo.

El practicar el perdón es un acto de valentía, ya que, no nos enseñan a ello. Nos enseñan a acumular ira y resentimiento hacia una persona que nos ha podido crear un malestar o nos ha hecho daño.

Para empezar, nadie es quien, de hacernos daños, está en nuestras manos elegir si acumular ese resentimiento, o, por el contrario, sentir la emoción, y, dejarla ir. Todos tenemos emociones y sentimientos, y es necesario sentir para poder saber que debemos hacer con ellos.

En cambio, al no aplicar el perdón y acumular ese resentimiento dentro de ti, lo único que estarás haciendo es beber veneno y esperar a que se muera el otro. Esto es un gravísimo error. No te haces responsable de lo que sucede.

Solamente tú eres capaz de elegir que hacer en todo momento. Eres tú el responsable de todo lo que sucede en tu vida. Hace poco, escuchando en podcast, hasta nos decía que un accidente es responsabilidad nuestra.

Cuando llegas a este punto de entendimiento de la vida, te proyectas a un nivel de conciencia superior. Este accidente lo has provocado tú por tener miedo a conducir, por haber salido a esa hora de casa o por ir por esa carretera.

No es sencillo entender esto, pero sucede muy a menudo. Echamos la culpa a todo lo que nos rodea, y no somos capaces de responsabilizarnos de nuestra situación. La responsabilidad en uno mismo es lo que marca la diferencia de ser una persona mediocre o una persona extraordinaria.

No me gusta utilizar adjetivos, pero los utilizo para traer el conocimiento a tierra y que pueda hacerme entender por ti, para que la lectura se haga más amena. Esto es lo que busco, con este y con todos mis otros libros.

Cuando me abro de corazón, y proyecto con palabras todo lo que se me pasa por la cabeza, es cuando puedo conectar mejor contigo, como si estuviese frente a ti, hablándote y que tu pudieses aportar lo que quisieses.

Esta es mi responsabilidad, el hacerme entender. Sería más sencillo el culpar al lector por no entender el mensaje que quiero transmitir, el culpar a la edición del libro porque no está del todo acorde a lo que quería.

Esto es una actitud mediocre y derrotista. Solamente yo tengo la potestad de elegir mis pensamientos. Se que soy el dueño y creador de mis circunstancias, y, con ello, sé que debo hacerme el responsable.

He puesto varios ejemplos para que puedas visualizar hasta qué punto debemos hacernos los responsables de nuestras acciones, de que todo lo que estamos consiguiendo en nuestra vida no es mera casualidad.

Todo en la vida sucede por algún motivo en concreto. En la mayoría de las ocasiones, si algo te remueve por dentro, ahí tienes un trabajo interior por realizar, responsabilizarte del porque te estás sintiendo de esa manera.

Si tienes esto muy en cuenta, toda tu vida cambiará para mucho mejor, te lo puedo asegurar. Es una tarea heroica, pero sumamente reconfortante.

Enfócate en aquello que quieres conseguir, y atraerás hacia ti más de eso en lo que estás poniendo el foco. Si estás continuamente quejándote y culpando a todo lo que te rodea, atraerás más de eso a tu vida, inconscientemente.

Esto es de suma importancia. En aquello que pones tu atención, es lo que acaba expandiéndose indirectamente. Si tu pones el foco en que eres el creador de tu mundo, puedes solucionar cualquier asunto que se te presente.

En cambio, si no decides hacerte responsable de tus acciones, nunca sabrás porque te sucede siempre lo mismo, una y otra vez. En aquello que quieras poner el enfoque de tu vida, será lo que se expandirá y obtendrás más de esa misma situación.

A veces pueden ser en entornos completamente diferentes. Por ejemplo, puede ser que se de en tu entorno laboral y familiar una situación que se asemeja, aunque con distintos personajes.

Esto es, que el universo te está poniendo en un lugar en donde debes dar un paso al frente y responsabilizarte de cierta acción. Si no decides dar ese paso, se volverán a repetir las mismas circunstancias una y otra vez.

Cuando das ese pequeño paso, todo en tu vida cambiará, dará un giro de 180º. En este caso, si decides dar ese paso, serás un verdadero superhéroe, ya que, eres de las pocas personas que no se conforman con lo que tienen y saben que hay más.

En cambio, si tu no decides tomar las riendas de tu vida, estarás continuamente frustrándote porque no serás capaz de cambiar las situaciones. En este caso en concreto, estarás a merced de las circunstancias, a merced de la vida.

Si no estás viviendo tu vida, estás viviendo la vida de otra persona, como suelo decir. Es una frase que caló hondo en mi interior, y la he llevado a cabo desde hace un tiempo. El maestro aparece cuando el alumno está preparado.

Esta última frase también viene a colación de todo lo mencionado. A veces, no somos conscientes de ciertos mensajes, bien sea en libros, en formaciones, en personas, porque no estamos en el punto de poder obtener esa información de la mejor manera posible.

En cambio, como bien dice la frase, el maestro aparece cuando el alumno está preparado, sucede a continuación de haber dado esos pequeños pasos en tu vida, esos pasos que te conducen hacia la grandeza.

La responsabilidad será una cualidad que te desmarcará del resto de la población. Además, será algo que, con el paso del tiempo, las personas te preguntarán el como lo has hecho, como lo has conseguido.

Pocas personas se permiten dar el paso, salir de su zona de confort, en la cual todo es repetitivo y todo se hace por automatismo. Entonces, al dejarse llevar, acaban en una espiral, continuamente frustrados y con resentimiento.

Esto es, como una analogía del perro. El perro somos nosotros, y, caminamos por la vida. En el suelo hay un clavo, el cual, después de un rato caminando, nos sentamos encima de ese clavo. Ese clavo es sinónimo de dolor.

Todos, en nuestro trayecto de vida, pasamos por diferentes clavos. Esos clavos, en función del tiempo que decidamos estar encima de ello, determinarán si sufrimos en mayor medida.

Hay personas que están encima de ese clavo toda su vida, porque, prefieren pasar y aguantar ese nivel de dolor, que salir y pasar por el dolor del miedo a salir de su zona de confort. El salir de ese clavo es responsabilidad de uno mismo.

Cuando ves que, una vez que sales de ese clavo, es porque has elevado tu nivel de conciencia. Te encontrarás con otro clavo, y los miedos aparecerán de nuevo, pero cada vez, con una menor intensidad.

Esto es debido a que te has hecho el responsable de esa situación, y sabes que, al igual que has podido salir de ese primer clavo, podrás hacer lo mismo con este. Eso es tomar responsabilidad de la vida.

Todo lo mencionado en este libro es de suma importancia, y, con ello, espero que puedas llevarlo a cabo en tus hábitos de vida, para, con ello, conseguir una vida de abundancia y grandeza. Eres una persona exitosa por el simple hecho de haber llegado hasta aquí.

GRATITUD

La gratitud por todo lo que tienes en este preciso instante te proyectará a alcanzar la vida de tus verdaderos sueños, una vida de grandeza y de bienestar pleno. Es condición sine qua non para poder estar en un verdadero equilibrio en tu vida.

Todo en tu vida, como he mencionado anteriormente, tiene su razón de ser, y es perfecto como es. Por muy doloroso que pueda parecerte en un momento determinado una circunstancia, deberás ser agradecido de que te esté pasando.

La vida no es sencilla, pero si simple. Cuando aplicamos los fundamentos esenciales para poder vivir una vida plena, es cuando realmente conseguimos ser felices. En cambio, cuando nos desviamos de nuestro camino, surge el sufrimiento.

Llevar un diario de gratitud al día, durante al menos 30 días, se ha evidenciado que refuerza la autoestima, reduce la ansiedad, lo que ayudará a dormir mejor e incrementa la positividad y el optimismo.

En 2003, una investigación de Emmons y McCullough demostró los beneficios físicos y psicológicos de expresar gratitud. "*Las personas que lo hacen y experimentan con regularidad una gratitud profunda por lo que tienen (su familia, una comida, su hogar, su trabajo, su riqueza, etc.) son más felices, están más sanas y es más fácil que alcancen el éxito con el tiempo*".

Es una capacidad que tenemos al alcance de nuestras manos, que no cuesta nada, y que reporta enormes beneficios en nuestro bienestar físico y mental. Agradecer al menos 5 cosas al día, te reportará enormes beneficios.

En mi caso en concreto, agradezco 10 cosas diariamente, por la mañana. Siempre tenemos cosas por las cuales estar agradecidos. El simple hecho de tener la posibilidad de disfrutar de tener otro día más, es un motivo por el cual deberíamos estar agradecidos.

Las cosas más simples son las que solemos obviar, y las que, deberíamos tener más en cuenta a la hora de agradecer. Agradece lo que tienes ahora mismo mientras no consigas aquello que deseas.

Cuando agradeces el hecho de tu vida actual, pronto atraerás a tu vida circunstancias por las cuales estarás más agradecido. Es como el interés compuesto, cuanto más deposites, por mínimo que sea, se acaba expandiendo.

Con la gratitud ocurre totalmente lo mismo. Mi diario de gratitud lo llevo a cualquier sitio a donde voy. Es una rutina más, como puede ser el ejercicio físico o la meditación. Es una capacidad, a simple vista sencilla de implementar, pero que no muchas personas tienen en cuenta.

Puedes comprar un diario bonito, que te apetezca escribir en él diariamente. Esto aumenta las posibilidades de obtener sus beneficios, ya que, al tener un aspecto visual agradable, será más complicado que se te olvide escribir en él.

Ligándolo al estado de gratitud, el simple hecho de poder comprar ese diario, deberías agradecerlo como tal. O, el poder estar leyendo este libro, ya que, tienes vista. A veces no somos conscientes de lo privilegiados que somos.

Esta es una tarea sencilla de hacer. En cambio, lo que es sencillo de hacer también es sencillo de no hacer. Algo que nos haga salir de nuestra zona de confort, mientras no seamos conscientes de verdad de todo lo que nos puede aportar, no lo llevaremos a cabo.

En cambio, cuando decides responsabilizarte de tu vida, y empiezas a implementar cambios progresivos en tu vida, los cuales te llevan hacia esa vida llena de abundancia que te mereces, todo el mundo que miras actualmente, cambia.

La gratitud es una cualidad, también, de los superhéroes. Ligado al capítulo anterior, lo más normal es que las personas intenten culpar a todo su entorno, lo que lleva a no poder ver aspectos por los que si estar agradecido.

En cambio, el ser agradecido por lo que está aconteciendo en este preciso instante, aumentará la felicidad directamente. A veces, los recursos más simples son los que marcan una gran diferencia.

Esto puede sonar sumamente simplón, pero es cierto. Todo lo que he escrito en mis libros, lo he puesto en práctica, y, lo que está contenido en este, lo sigo aplicando actualmente, todo capítulo contenido en él.

Me gusta siempre transmitir el mensaje con conocimiento de causa. En este caso, me gusta ser el ejemplo, para, con ello, poder transmitirte un mejor mensaje, desde el corazón.

En este caso en concreto, la gratitud lo he aprendido de varios de mis mentores. Personas realmente exitosas, no solamente a nivel económico, sino que, además, a nivel sentimental, espiritual y personal. Están en verdadero equilibrio.

El agradecer todo lo que se tiene en este momento, es una condición indispensable para poder alcanzar la felicidad plena. Además, agradecer cualquier mínima circunstancia, por mucho que se haya truncado tu vida actualmente.

Todo sucede por algo. En esos momentos es cuando debes hacerte más fuerte. Existen los momentos Kensho y los momentos Satori. En los momentos Kensho, en los momentos en los cuales pasamos por verdaderos momentos malos, debemos agradecerlos también.

Es muy complejo mirarlo así, pero en cambio, cuando seas capaz de valorar esos momentos, es cuando la vida te va dando regalos para que salgas cuanto antes de esa situación en la que te encuentres.

Lo más importante

Me gustaría que te lleves a modo de resumen lo más importante para que tu vida sea abundante y verdaderamente exitosa. Así como en mis otros libros he desarrollado más detalladamente cada aspecto, aquí he ido a lo que puedes implantar desde ya en tu vida para que cambie para mejor.

De todos modos, quiero que aun te pueda quedar más claro, porque mi propósito en este mundo es hacer de él un mundo más próspero y feliz, dejarlo mejor de lo que me lo he encontrado.

Por ello, quiero llegar con mi mensaje y mi inspiración a miles de personas. Con este libro quiero conseguir el que sea el primer paso para que alcances vivir una vida con significado, llena de felicidad.

Entonces, quiero implantar, con este capítulo, todo lo explicado hasta ahora en los capítulos, pero de diferente manera o similar, pero como si estuviese hablando con tu niño interior, ese que está lleno de dudas.

Me ha quedado claro, después de haber escuchado y dejándome guiar por diferentes mentores, que cuando eres capaz de que un niño entiendo lo que estás proponiendo con tu mensaje, entonces lo estás haciendo bien.

Esto quiero llevarlo a cabo, y, si lo consigue entender tu niño interior, será un mensaje mucho más interesante y enriquecedor para ti, porque lo habrás captado a la primera. En este caso, de todas formas, si tuvieses que volver a leer un capítulo, te animo a que lo hagas.

Es más, ahora mismo yo estoy aplicando eso con mis lecturas. Estoy volviendo a leer una y otra vez el mismo libro. Estoy escuchando las clases una y otra vez. Esto, el subconsciente no lo entiende de primeras, porque nadie nos ha enseñado a ello. En cambio, la repetición es la madre de la maestría.

Esto lo aplico directamente en mi entrenamiento, por ejemplo. La sentadilla que hago actualmente no tiene nada que ver con la primera sentadilla que hice cuando inicié. Es a medida de repetición lo que me ha llevado a conseguir esta ejecución.

Esto es lo que te quede claro también. De nada vale que leas un libro, si a los 2 días te olvidas de todo lo que está escrito en él. Además, es interesante el volver a leerlo, ya que, tú como persona, no vas a ser el mismo.

Por ello, he querido hacer mención en este capítulo a todo lo depositado en el libro, para que, antes de que lo finalices, vuelvas a recordar todo el contenido.

Esto es como un avión. Lo más difícil es el despegue y el aterrizaje. En el despegue, se utiliza el mayor porcentaje de combustible, y, además, es lo más dificultoso de todo el viaje. Si sale bien, el vuelo puede ir bien.

Se podrá encontrar en el trayecto con turbulencias, pero no pasará nada. Estas turbulencias, proyectados a nuestras vidas, son los grandes aprendizajes que nos encontramos por el camino.

No te olvidarás de ellas, en cambio, son reconfortantes porque te han hecho aprender. En el momento se deposita una gran carga emocional, para luego, simplemente tenerla como recuerdo.

Siguiendo con el ejemplo del despegue y del aterrizaje, es lo más importante de todo vuelo. Con los libros sucede exactamente lo mismo. Con las películas también. Salvo que haya algo en el medio con gran impacto emocional, solamente te acordarás del inicio y del final.

Con este capítulo también busco esto, que te vayas de aquí con un muy buen sabor de boca. Que sea el final de tu película favorita. Además, de hacer un repaso por todo lo anterior, será la guinda del pastel.

Voy a empezar por los pensamientos. Todo lo que está en nuestra vida es porque en algún momento lo estuvimos pensando, y, con ello, lo acabamos atrayendo a nuestras vidas de tal forma que de veracidad a todo ello.

En este caso, el miedo es un pensamiento con gran carga emocional. Con ello quiero expresar que, un pensamiento por si solo no atrae nada, en cambio, cunado va cargado de suficiente emoción y sentimiento, acaba atrayendo eso.

El miedo tiene un gran componente emocional. Esto, acaba atrayendo eso en lo que has estado pensando. Por ejemplo, si tienes miedo a que tu pareja te sea infiel, acabará sucediendo. Si tienes miedo a quedarte en bancarrota, acabará sucediendo.

Por ello es tan importante que cuides de tus pensamientos. No puedes cambiarlo, pero si monitorearlos, y, con ello, saber dejarlos ir aquellos que no te benefician, aquellos que son tóxicos.

Otro ejemplo puede ser el de la lucha contra la guerra. Ese tipo de manifestación atraerá más guerra, porque aquello en donde se pone el foco, atrae más de eso mismo. Lo que se debería hacer es tener pensamientos inversos, es decir, de paz.

En todo en nuestra vida sucede exactamente lo mismo, no tiene ningún índice de error. En cambio, si no tenemos esto en cuenta, cabe esperar que vaguemos por la vida sin rumbo, pensando que todo sucede por el destino.

Ya lo decía Carl Jung, *"hasta que lo inconsciente no se haga consciente, el subconsciente seguirá dirigiendo tu vida y tú le llamarás destino"*. Debes saber que nada sucede por mera casualidad, tu eres el creador de tu destino.

Por ello, todo lo que sucede dentro de tu mente, determinará la calidad de tu vida. De ahí que la calidad de tus pensamientos determine la calidad de tu vida, ni más ni menos. Esto debes tenerlo en cuenta.

Todo lo que aparece en tu vida lo has atraído, porque además de estar pensando en ello, estás vibrando en un determinado nivel de energía. Entonces, esto te lleva a, por ejemplo, estar leyendo este libro ahora mismo.

No he aparecido por casualidad en tu vida. Al igual, que tú, como lector, no has aparecido en mi vida por mera casualidad. Yo, mediante mis pensamientos, elijo a las personas a las que quiero inspirar.

En cambio, toda persona que llegue por descuido, no llega simplemente por eso, si no que, en algún momento estuvo en ese estado de vibración, y, por ello, este libro llegó a sus manos.

Igual en el momento, quizás a ti también te pasó, estás leyendo un libro y no te dice nada. Pues bien, en ese momento no estás en situación de leerlo, en cambio, en algún momento te hará falta o has estado pesando en él.

Simplemente, que ese preciso instante no estás en ese nivel de vibración. Con ello, no te va a decir nada ese libro, por mucho que lo fuerces. El universo siempre te da lo que necesitas.

En cambio, quizás a veces llega antes de la hora o, en cambio, más tarde de lo habitual. Esto es en función de la energía y fe que hayas depositado en ciertos tipos de pensamientos.

He dejado este capítulo para el final, en el cual te he dicho que te iba a hacer un resumen de todo el libro. En cambio, con todo lo que te estoy contando, podrías desechar todo lo demás, ya que, esto es la base de todo.

Por poner un ejemplo. El ejercicio y la alimentación es importante para tener una mejor salud y estar en mejor forma. En cambio, si tus pensamientos son de que así no lo vas a conseguir, por mucho que lo fuerces, no lo conseguirás.

Si, por ejemplo, la gratitud te he dicho que es un pilar fundamental para mejorar tu vida. En cambio, si tu pensamiento es que no es necesario incorporarla en tu vida, no lo vas a hacer.

No podemos ayudar a quien no quiere ser ayudado. De ahí que, además de ponerlo como primer capítulo, esté haciendo mención en este último. Los pensamientos son la base de toda tu vida, no tengas la menor duda.

Siguiendo con el hilo del ejercicio. Te puedo poner el ejemplo de que para estar en forma, tener un cuerpo sexi y fibroso, es necesario entrenar 5 días, y, en cambio, tú piensas que con 3 bastaría, eso es lo que conseguirás.

Me ha costado tiempo entender todo esto del pensamiento, pero una vez que lo he puesto en práctica, he de reconocer que todo se mueve por la ley de la vibración, y eso en lo que estemos pensando, lo acabamos atrayendo a nuestra vida.

De ahí que, si tú estás haciendo ejercicio con una meta determinada de ponerte en forma, bajar de peso o cualquier otra circunstancia, deberás pensar como la persona en la que te quieres convertir, y no, como lo estás siendo en este preciso instante.

Cuando tienes en cuenta esto, todo el mundo que miras, cambia. Además, empiezas a ver a las personas de diferente manera, viéndolas como seres espirituales en cuerpos físicos. Ellos también tienen cierto tipo de energía.

Otro ejemplo más es, que debes responsabilizarte por todo lo que sucede en tu vida, a cada momento, porque, mediante tus pensamientos, lo has acabado atrayendo a tu vida, y por eso se está materializando.

Si tu estás pensando, de camino al trabajo, que tu jefe te va a mandar más trabajo del habitual y que no te corresponde, eso tendrás en tu jornada laboral. Al final te frustrarás, pero eso lo has atraído tú. Por ello, debes hacer consciente el inconsciente.

Otro ejemplo podría ser el de estar de camino a casa, y pensar que tu pareja te va a recibir con los brazos abiertos y que podáis tener una conversación placentera. Esto, lo acabas consiguiendo.

Pero, cometemos el error de pedir, y por eso no lo obtenemos. No puedes ir de camino a casa pidiendo que quieres que esté así en ese momento de entrar tú por casa, porque sabes, que normalmente eso no sucede.

Estás pensando de manera consciente, en cambio, tu subconsciente tiene otra información diferente. Entonces, no puedes engañar de esa forma a una información que está tan arraigada en tu interior.

En cambio, si a ese pensamiento, le depositas la suficiente emoción, sabiendo de primera mano que va a suceder y que, gracias a ello, tu también podrás dar algo a cambio por haberlo obtenido, lo tendrás.

Es la ley del dar y recibir. No puedes recibir sin antes haber dado. Por ello, te he mencionado que no sirve con solamente pedir, porque eso no lleva a ninguna parte, más que a frustrarte una vez más.

Algo que estás haciendo muy bien, y que he mencionado en un capítulo, es el de la lectura. Esto te llevará a tener cada vez mejores pensamientos, porque expandirás la mente, y progresarás adecuadamente.

Como dice uno de mis mentores, el cambio es inevitable, el crecimiento es una opción. Con esto se refiere a que todos nosotros cambiamos, todos crecemos o nos desintegramos, todo está en continuo cambio.

Está en nuestras manos si queremos crecer hacia arriba, o, en cambio, vamos hacia abajo. Nada permanece en el mismo lugar. En tu mano está el que dirección tomar. De ahí, que el cambio sea una opción.

Por ello, te doy mi más sincera enhorabuena, una, por haber llegado hasta aquí, y otra, por tener por hábito la lectura en tu rutina diaria. Solamente por ello, eres una persona extraordinaria.

No quiero añadir nada más, ya que, como te he dicho, este es un capítulo adicional para que pudieses entender la base de todo, la verdadera clave, en donde reside todo para que puedas conseguir una vida abundante.

Es necesario que apliques todos los capítulos, pero, el que va a llevar a tu vida a un siguiente nivel, el que va a hacer que tu vida de un giro de 180º para mejor, es que cuides tus pensamientos.

AGRADECIMIENTOS Y COMO CONTINUAR

Gracias querido lector por haber llegado hasta el final de este libro. Eres una persona extraordinaria, ya que, pocas personas terminan un libro, lo empiezan y lo desechan. En este caso, mi más sincera enhorabuena.

Espero que lo hayas disfrutado como yo lo he hecho a la hora de escribirlo. Te puedo asegurar que lo he escrito desde el corazón y con mayor nivel de energía, para, con ello, pudieses absorber esa energía depositada en cada palabra.

Esto es, como he expresado en la introducción, como si estuviésemos frente a frente, la cual me hace dar lo mejor de mí, para que, se cumpla una de mis máximas en esta vida, y que aprendí de la madre M.ª Teresa de Calcuta:

"Que nadie se acerque jamás a ti sin que al irse se sienta un poco mejor y más feliz".

Espero que con este libro haya conseguido esto, este es mi mayor compromiso con el mundo, y, en este caso, contigo, ya que te has comprometido al haber leído todo el libro, lo cual te convierte en una persona excepcional. Gracias.

Si quieres ponerte en contacto conmigo y saber que más puedo hacer por ti y ayudarte en tu camino, puedes hablarme directamente a través del siguiente enlace.

https://t.me/braismarinho

Si quieres entrar en nuestra comunidad para poder estar al día, en la que te pongo al día en cuanto a los seminarios que imparto, te dejo el siguiente enlace:

https://t.me/+U4ohfBnZ6NCRCSMX